das Reich des Jeschua Rex Textes

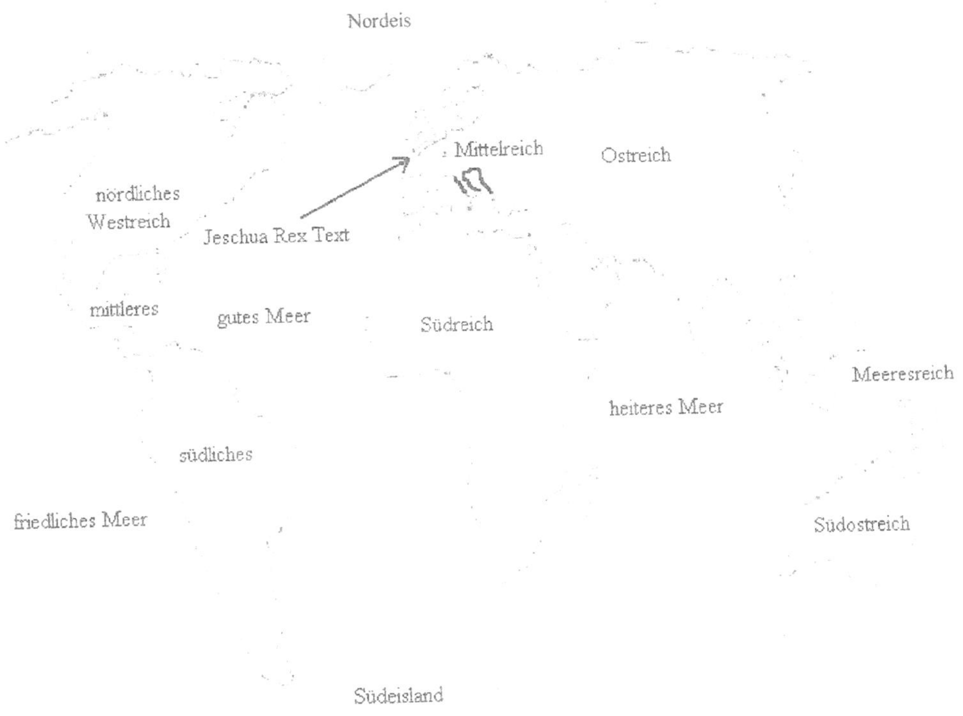

Nordeis

Mittelreich   Ostreich

nördliches
Westreich
    Jeschua Rex Text

mittleres   gutes Meer   Südreich

                                              Meeresreich

                              heiteres Meer

        südliches

friedliches Meer   Südostreich

Südeisland

Jeschua Rex Text

Jeschua Rex Text

die kesse Simone

Dieses Buch wurde verfaßt im zehnfünften Jahr vor Jeschua Rex Text, das Vorwort und die Erklärungen wurden im ersten Jahr in Jeschua Rex Text beigesteuert.

Als das erste Jahr in Jeschua Rex Text gilt dasjenige Jahr, in dem der Dichter zum ersten Mal vom ersten Januar bis zum dreißigersten Dezember einen amtlichen Ausweis auf den Namen "Jeschua Rex Text" besitzt. Es ist ein Jahr nach der vierten gewonnenen Fußballweltmeisterschaft.

Als behördlich bestätigter Jeschua Rex Text ist der Urheber verkehrsfähig, und seine Werke stimmen die Leser froh und heiter. Was vor dem ersten Jahr in Jeschua Rex Text geschrieben worden ist, ist zwar in vielen Fällen lustig und lehrreich, aber es kann das Lebensgefühl des Jeschua Rex Textes noch nicht angemessen vermitteln.

Wer allerdings alles Wissenswerte über die menschen Jeschua Rex Texte in JEUNEX erfahren will, dem sei geraten, auch sämtliche Werke des Verfassers hinzuzuziehen, denn aus vielen verstreuten Bemerkungen ergibt sich auf diese Weise wie bei einem Mosaik ein ganzes und abgerundetes Bild seiner Weltanschauung.

Da Hans Baldung Grien die junge Dame auf der vorderen Seite des Umschlags vor etwa fünfhundert Jahren gezeichnet hat, stimmen ihre Gesichtszüge nicht mit denen von Simone überein.

Das Bild auf der vorstehenden Seite zeigt Jeschua Rex Text am Ex, den Stehmann, gezeichnet von Markus. Es ist schwer zu erkennen, aber er soll lächeln.

Herstellung und Verlag

BoD - Books on Demand, Norderstedt

ISBN 9 783739 247267

Setzungen im Reich des Jeschua Rex Textes

Währung für alle:	die menschen Jeschuas und die menschen Rex Texte
Verständigungsmittel für alle:	die mensche Sprache
Religion für alle:	der Glaube an Jeschua Rex Text
Heiliger für alle:	Jeschua Rex Text
Zeichen für alle:	Jeschua Rex Text am Ex, der Stehmann
heilige Gebäude für alle:	die Tempel des Jeschua Rex Textes
Gott für alle:	JEUNEX
Zeitrechnung für alle:	Jahre vor und in Jeschua Rex Text
heilige Farbe für alle:	sonnengelb

Das ergibt Frieden und Gesundheit für alle

durch

die menschen Jeschua Rex Texte in JEUNEX

Vorwort

Ich schreibe nunmehr das erste Jahr in Jeschua Rex Text. Es ist Herbst. Vor etwa zehnfünf Jahren habe ich mich in eine Verkäuferin verliebt, die jung und hübsch war, und nach meiner Erinnerung zu schließen, hat sie mich nicht an sich herangelassen. Ich habe ihr am Anfang und am Ende des Jahres jeweils einen Brief geschickt in den Plusladen, den es heute in Menschdorf in dieser Form nicht mehr gibt, die Handelskette hat sich ja auch inzwischen Netto genannt. Nach dem ersten Brief habe ich nur zitternd und schwitzend diesen Supermarkt betreten, denn ich dachte, Simone würde mich als den Absender der Botschaft kennen, was aber nicht der Fall war, ich habe also völlig vergeblich meine Nerven strapaziert. Der Entwurf dieses Schreibens ist erhalten und wird im nachstehenden mitgeteilt.

Am Ende des Jahres habe ich dann einen zweiten Brief an Simone gesendet.

Diese Nachricht ist nicht aufbewahrt worden, ich kann mich nur daran erinnern, daß ich ihr als Beispiel für meine Reimereinen dargeboten habe:

> An der Kasse macht sie Storno,
>
> in der Freizeit guckt sie Porno.

Das ist heute eigentlich üblich, doch diese schlichte Aussage hat damals ein ungeheures Aufsehen erregt, auch die Betreuerin unserer Wohngemeinschaft hat sich darüber empört, das wäre unmöglich. Wenige Tage später lag ich am Nachmittag nach der Frühschicht in der Arbeitsförderung im Bett und träumte von Simone, als sich unten an der Haustür ein Geschrei erhob, ein Mitbewohner bat mich, nach unten zu kommen, ich hätte Besuch, und da standen Simone und ihr Verlobter vor mir. Simone fragte mich erregt: "Warum schreibst du mir Briefe?!", (ja, warum wohl?), und dann übernahm ihr zukünftiger Ehemann die Gesprächsführung, er schrie mich ununterbrochen an, und mensch hatte den Eindruck, er würde mich im nächsten Augenblick zusammenschlagen, ich stand unten auf der Treppe und kam nicht zu Wort.

Schließlich wendete sich das Pärchen der Haustür zu, und abschließend fragte der Schreihals meinen Mitbewohner, warum ich denn so etwas machen würde (ja, warum denn bloß?). Anschließend hatte ich einen Termin beim Bürgermeister im Rathaus, der kulturelle Fördergelder verteilen wollte, aber nur an Karnevalsvereine, nicht an Schriftsteller, denn bei den Narren wisse mensch doch, was mensch habe. Das war der Beginn einer langjährigen Feindschaft, aber das ist eine andere Geschichte.

Danach habe ich mich nicht mehr getraut, bei Plus einzukaufen und bin woanders hingegangen, schließlich ließ Simone mir durch ebenjenen Mitbewohner ausrichten, sie habe ihren letzten Tag in dieser Filiale gehabt und ich könne nun wieder zu Plus kommen.

Inzwischen sind viele Jahre verstrichen, Plus heißt inzwischen Netto, viel Wasser ist die Inde hinuntergeflossen, und ich dachte schließlich daran, die Reimereien zu veröffentlichen. Sicherlich ist manches Zweifelhafte und Anstößige dabei, aber soll mensch diese Aussage wirklich verbergen?

> Simone haut Rex Text vom Hocker,
> denn sie ist ein geiler Schocker.

Dabei habe ich ihre Heftigkeit schon etwas abgemildert, denn aus

> Simone ist zu jeder Zeit
> kuß- und bett- und stoßbereit.

wurde die Feststellung:

> Simone ist zur Abendzeit
> kuß- und bett- und stoßbereit.

Ich muß hinzufügen, daß ich in meiner Jugend durch die lustigen und beeindruckenden Hurenfilme von der damals herrschenden Verklemmtheit erlöst worden bin. Mensch kann über derartige Streifen denken, was mensch will, aber es ist doch so, daß sich die Menschen darin lieben und einander Gutes tun, sie erschießen einander nicht, und das ist doch erfreulich.

In Simone dachte ich nun, eine junge Dame gefunden zu haben, die mit mir auf diese zwanglose und befreiende Weise Sex haben könnte, sie war in ihrer jugendlichen Lebensfreude anscheinend zu jeder sinnlichen Schandtat bereit, ich war damals übrigens vierzigfünf, sie etwa zwanzig Jahre alt. Dementsprechend sind auch die Reime locker und vergnüglich, und diese Wonne hat bis in meinen Wälzer über den Sexer und die Sexerin nachgewirkt.

In einem Kartong auf dem Dachboden fand ich nach zehnfünf Jahren wohl die Reime und den ersten Brief, den zweiten Brief aber überhaupt nicht, doch eine Fülle von ergänzendem

Paterial, das ich den Lesern nicht vorzuenthalten beabsichte.

Nun läßt sich so eine Geschichte nach zehnfünf Jahren nicht mehr genau ordnen, ich kann also nur einen heillosen Wirrwarr bieten. Das ergänzende Paterial ist hoffnungslos durcheinander, ebenso können auch die Reimereien nicht mehr zeitlich oder ihrer Entstehung nach geordnet werden. Einiges wurde bei der Arbeit in der Frühschicht gedichtet, einiges am Schreibtisch, einiges bei einem Waldspaziergang, das später aufgezeichnet wurde.

Bernd Idel und Dirk Burbong sind meine Arbeitsgefährten gewesen, sie haben auch ihren Teil beigetragen, und gelacht haben wir in Hülle und Fülle.

Die neue Bibel ist ein Buch aus meiner Feder, wie mensch dem Anhang entnehmen kann.

Ich muß dabei noch etwas zur Tätigkeit meiner Fantasie bemerken. In meiner Vorstellung habe ich immer genau trennen können, was die Simone bei Plus ausmacht und welche sinnlichen Verrichtungen ich ihr angedichtet habe. Meine Einbildung verfährt zweigleisig, deshalb ist es noch harmloser, als es die Leute verstehen können, die einheitlich plastisch-drastisch denken.

Simone wurde auch von der Betreuerin unsere vierköpfigen Wohngemeinschaft als herausragend freundlich beschrieben, diese Sozialarbeiterin sagte, sie wolle doch nur einkaufen und diese Verkäuferin behandele sie so übertrieben liebenswürdig, daß mensch gar nicht weiß, was das eigentlich soll.

Mir hat Simone einmal an der Kasse zugezwinkert, und einmal hat sie meine Frage nach einem Eimer Kartoffelsalat dahingehend beantwortet, daß dies eine einmalige Zuteilung gewesen sei, die sich nicht wiederholen würde.

Nun bin ich erfolgreich zur Oberschule gegangen, und Simone hat vermutlich die Hauptschule besucht. Aus den erfantasierten Zwiegesprächen mit ihr geht klar hervor, daß sie den alten Mann nicht abgelehnt hat, sondern daß sie vermutlich darauf gewartet hat, daß ich den ersten Schritt in ihre Richtung hin wagen sollte, aber ihre Banausenhaftigkeit, ja Derbheit hat mich immer wieder abgestoßen. So wurde ich zwischen Zu- und Abneigung hin- und hergerissen, aber im Grunde wußte ich, daß Simone nicht zu mir passen würde. Den zweiten Brief habe ich auch mehr deswegen abgeschickt, um ihr meine Reimereien zu zeigen, als um ihr meine Liebe zu bekunden.

Und doch muß da damals etwas gewesen sein, und ich weiß heute noch, daß Simone eine ungemein sinnliche Ausstrahlung besessen hat. Niemals vorher und niemals nachher hat mich eine Weiblichkeit so versext wie sie. Es war, als würden alle Hurenfilmträume wahr, ich nahm es begeistert und hingerissen auf. Wenn ich an Simone dachte, fühlt ich mich von Kopf bis Fuß sexualisiert. Das war eine riesige Geilheit mit wenig Begierde und sehr viel Üppigkeit und Fülle. Mensch kann das nicht beschreiben, mensch muß es erleben. Es war wunderbar.

Ich habe Simone seit ihrem Besuch bei mir nicht wiedergesehen. Vielleicht ist sie inzwischen mit dem Brüller verheiratet und hat mehrere Kinder. Vielleicht wird der Schreihals über die mitgeteilten Reimereien so beleidigt sein, daß er daran denkt, es mir heimzuzahlen oder mich gar umzubringen. Es sei ihm versichert, daß meine Reimereinen auf schlichte Weise gut gemeint waren, ich wußte ja auch lange nicht, daß Simone einen Buhlen hatte. Und andererseits bin ich auch bereit, für meine Werke zu sterben, denn ich sehe mich nicht dazu imstande, der Öffentlichkeit so etwas Schönes vorzuenthalten.

Außerdem habe ich mich ja gebessert. Ich heiße nicht mehr Rex Text, also Vorname: Rex und Nachname: Text, sondern Jeschua Rex Text, also Vorname: Jeschua, Nachname: Rex Text, ich bin sittlich hochstehender geworden, was mich freilich nicht daran hindert, mich auch weiterhin unglücklich zu verlieben. Im folgenden Zusamenhang wirkt "Rex Text" manchmal wie ein Vorname, also etwa wie "Dietrich", beides heißt: Herrscher (-rich, Rex) über das Volk (Diet-, Text), also "Volksherrscher". Wer aber meinen Namen gut findet und nachahmen möchte, der sollte sich entweder Jeschua oder Herr Rex Text nennen, die anderen Bezeichnungen bergen kein Heil in sich, das habe ich in vielen bitteren Jahren erkennen müssen. Über derlei Sachverhalte will ich noch ein Buch urheben mit dem Titel: Dein Name ist dein Schicksal! Wie du heißt, so bist du! Hoffentlich komme ich noch dazu.

Nun aber Vorhang auf für die einmalige Schau zwischen Simone und ihrem abwechslungsreichen Bedichter!

Von meinem ersten Brief an Simone ist folgernder Entwurf erhalten geblieben:

Nach einer verlorenen Einleitung folgte ein:

amtlicher vorbereitender Fragebogen zur Prüfung
für die fachlich geschulte Verkäuferin:

bitte anstreichen

	ja	nein
1. Kann mensch Milch auch in Flaschen verkaufen?	○	○
2. Kann mensch Bitterlemmen auch in Dosen verkaufen?	○	○
3. Läßt sich Softeis auch verpackt anbieten?	○	○
4. Wenn mensch an der Kasse tausendmal am Tag "bitte" und "danke" sagt, ist das dann nicht ein wenig eintönig?	○	○
5. Soll mensch auch alte Leute freundlich bedienen, besonders dann, wenn sie beim Bezahlen umständlich in ihrer Geldbörse kramen?	○	○
6. Soll mensch sein Auge stets auf die Überwachungskamera richten?	○	○

7. Soll mensch ertappte Ladendiebe drohend anknurren? ○ ○
8. Darf mensch die Filialleiterin während der Arbeit duzen? ○ ○
9. Darf mensch dem Kunden eine halbverfaulte Ananasfrucht unterjubeln? ○ ○
10. Wäre es erfreulich, wenn das Geld in der Kasse privates Vermögen wäre? ○ ○
11. Gibt es auch alkoholische Getränke, von denen mensch nicht betrunken wird? ○ ○
12. Gibt es gesunde Zigaretten? ○ ○
13. Darf mensch geschäftliche Kunden eventuell zu sich nach Hause einladen? ○ ○
14. Besteht ein grundlegnder Unterschied zwischen Wurst und Käse? ○ ○
15. Kann ein Plusgeschäft ein Minus beim Umsatz erleiden? ○ ○
16. Ist es erforderlich, daß eine Reisklößchensuppe teurer ist als eine Linsen- oder Bohnensuppe? ○ ○
17. Darf mensch an Kinder Verhüterli abgeben? ○ ○
18. Darf mensch vom Betriebstelefon aus private Gespräche führen? ○ ○
19. Kaufen Männer besser ein als Frauen? ○ ○
20. Lohnt es sich, Rasierklingen im Angebot zu führen? ○ ○
21. Ist es ratsam, Zeitungen anzubieten? ○ ○
22. Ist die Tätigkeit in einem Supermarkt ersprießlicher als ein einem Tante-Emma-Laden? ○ ○
23. Soll mensch dem Kunden verseuchtes Rindfleisch aus England anbieten? ○ ○

	ja	nein

24. Ist an der Kasse Zeit für zwischenmenschliche Gespräche? ○ ○

25. Sollte mensch sämtliche Preise im Kopf haben für den Fall, daß der Skänner ausfällt? ○ ○

26. Ist mensch als Verkäuferin verpflichtet, beschädigte Jogurtbecher umzutauschen? ○ ○

27. Soll mensch Gedichte wie die folgenden laut lesen?

Kaufen bei Plus -
welch ein Genuß! ○ ○

Wenn Simone Zettel tippt,
sie ab und zu an einer Limo nippt. ○ ○

Willst du schöne Frauen seh'n,
mußt du in den Plusschopp geh'n. ○ ○

Damit der Einkauf auch sich lohne,
frag nach Preisen die Simone. ○ ○

Willst du eine Zitrone
oder eine Limone
oder eine Melone,
dann gibt sie dir Simone. ○ ○

Die Prüfungskommision hofft, daß alle Fragen richtig beantwortet werden konnten und drückt die Daumen für das entscheidende Examen!

Folgende Gespräche habe ich mir damals ausgedacht, um Simones Wesen und Eigenart zu ergründen, sie entstammen völlig meiner Fantasie und treffen deshalb vermutlich nicht im geringsten zu. Die Zeitrechnung ist an die heutige Kalenderrechnung angeglichen.

Im Gegensatz zu den Versen, in denen Simone fraglos begehrt wird, wird sie in den nachfolgenden Auseinandersetzungen in Frage gestellt. Der Sachverhalt wird sogar in sein Gegenteil verkehrt, insofern der Antrieb von ihr und nicht von mir ausgeht, aber das ist dann ja meistens wechselseitig. Sofern ich mich recht erinnere, kam es kurz nach der letzten eingebildeten Unterredung zu jener Begegnung, die ein einziger Krach war, sie müßte also um den zwanzigsten Dezember des zehnfünften Jahres vor Jeschua Rex Text stattgefunden haben, aber ich kann mich auch irren.

Das erste hier wiedergegebene Gespräch ist ohne Zeitangabe, es ist aber vermutlich später entstanden als die nachfolgenden Unterhaltungen.

Rex Text: Ich werde völlig lüstern, wenn ich an dich denke. Deine Aura ist pure Geilheit. Ich habe noch niemals zuvor in meinem Leben eine Frau getroffen, die es derart versessen auf den Sex abgesehen hat. Ich hoffe, wir können uns auch im wirklichen Leben einmal intensiv begegnen.
Simone: Du tust mir leid. Dein elendiger Zustand rührt mich ungemein.
Rex Text: Sag bloß, ich erwecke in dir Mutterinstinkte? Das ist nämlich das letzte, was ich zu vernehmen gedenke.
Simone: Laß mich doch in Ruhe mit deinen Forderungen und Ansprüchen. Fick mich, und der Fall ist gegessen!
Rex Text: Was bist du bloß plump und primitiv!
Simone: Dir würde es entscheidend besser ergehen, wenn du gewisse plumpe und primitive Tatsachen eingehender berücksichtigen würdest.
Rex Text: Du gefällst mir überhaupt nicht. Dein Vollmondgesicht törnt mich nicht gerade übermäßig an. Außerdem scheinst du wenig Hirn im Kopf zu haben.
Simone: Das mußt du Schwächling gerade behaupten.
Rex Text: Mir ermangelt es lediglich an dem Umgang mit Leuten.
Simone: Du brutales Schwein! Wegen dir habe ich oft geweint!
Rex Text: Das habe ich nicht gewollt. Ich finde dich eben in keiner Weise
anziehend oder gar betörend. Du bist doch bloß ein einfaches Ladenmädchen.
Simone: Laß mich bloß in Ruhe! Tritt mir niemals wieder vor die Augen, sonst werfe ich dir eine Konservendose an deinen gottverfluchten Schädel!
Rex Text: Du willst meine Liebe, aber ich begehre deine Zuneigung mitnichten.
Simone: Kannst du nicht etwas freundlicher zu mir sein?

Rex Text: Wer bist du schon? Pah! Du bist eine erotische Lachnummer und ein sexuelles Kaos.

Simone: Trampele nur auf meinen Gefühlen herum! Du bist der letzte Dreck! Ich hasse dich! Bei nächster Gelegenheit werde ich dir mitten in dein verfluchtes Gesicht speien! Pfui Teufel, du nichtswürdiger Lump!

Rex Text: Du bist wohl durchgedreht?! Hast du noch sämtliche Tassen im Schranke stehen?! Was glaubst du eigentlich, wer du bist?! Vergnüg dich doch mit Winkelmann, der fette Tüp paßt tausendmal besser zu dir als ich feiner und hoher Geist!

Simone: Du benimmst dich überhaupt nicht gesellig.

Rex Text: Weil ich auf deine Gesellschaft pfeife.

Simone: Küß mich doch einmal auf den Mund!

Rex Text: Nein, nein, niemals! Eher springe ich kopfüber in die Inde hinein und nehme dabei einen Genickbruch in Kauf!

Simone: Ich liebe dich von Herzen mit Schmerzen, leider ohne Scherzen. Ich fühle ganz viel Sehnsucht nach dir und sehne mich nach deiner Gegenwart. Du bedeutest mir viel, ja nahezu alles.

Rex Text: Simone, ich liebe dich auch, aber nicht weil du mir gefällst, sondern weil du mich auch liebst. Es ist schön, wenn sich jemensch freut, wenn mensch kommt. Simone, die Gespräche beweisen dir doch, daß ich es wenigstens mit dir versuchen will, obwohl ich genau weiß, daß es keinerlei Zweck hat, wenn wir beide uns zu einem Paar vereinigen und verbinden. Dabei kommt nur Streit, Zank und Hader heraus.

Simone: Wir wollen es wagen! Bin ich denn so häßlich? Ich habe doch auch ein fühlendes Herz, und wozu meine Liebe fähig ist, das habe ich dir doch ausreichend und genugsam bewiesen.

Rex Text: Ich bin in meinem gesamten Leben noch niemals von einer Frau so stark und heftig geliebt worden wie von dir. Du hast mich fast zu Tode geliebt. Deine Zuneigung hat mich beinahe erdrückt.

Simone: Es hat dir doch gutgetan, zu wissen, daß jemensch dich mag. Bin ich denn das

Ungeheuer von Loch Ness? Unterhalte dich doch einmal ausführlich mit mir, und befrage mich eingehend nach meinen sinnlichen Wünschen!

Rex Text: Ich würde gern mit dir am Sonntagnachmittag zur Waldschenke wandern, aber das wird dir sicherlich nicht recht sein, ein einfacher Spaziergang im Grünen. Du mußt ja viel mehr geboten bekommen.

Simone: Du elender Feigling! Lade mich doch ein! Ich sage bestimmt nicht nein. Aber du traust dich ja nicht, mich deswegen anzusprechen, weil du vor Schüchternheit fast vergehst.

Rex Text: Ich finde dich halt nicht sonderlich erregend und aufregend und aufreizend.

Simone: Ich verströme die Wärme einer Mutterkuh? Wolltest du dies äußern? Du kannst mir gestohlen bleiben. Ersticke doch in deiner Scham, und schmore in deinem eigenen Saft. Du bist ja noch lächerlicher und vogelscheuchiger als der Mann ohne Hund! Ha, dich möchte dich einmal genüßlich zu Tode foltern!

Rex Text: Halt ein, du Rasende! Ich liebe dich doch nun einmal nicht. Liebe kann mensch nicht erzwingen.

Simone: Gefickt will ich werden, und zwar von dir allein! Ist das klar? Habe ich mich unmißverständlich ausgedrückt? Ich bin geil auf dich! Ich möchte deinen Schwanz lutschen und meinen Zeigefinger in deinen Arsch stecken.

Rex Text: Bist du noch bei Trost oder schon gänzlich von Sinnen?

Simone: Kopfe nur weiter herum, und bade dich und spreize dich in deiner Hirnlichkeit! Auch der Körper dürstet nach Genuß, und ich kann dir eine Menge Wonnen verschaffen, vorausgesetzt, du behandelst mich freundlich!

Rex Text: Du fette, häßliche, widerliche Kuh, verschwinde aus meiner Nähe! Ich kann deinen schauderhaften Anblick nicht länger ertragen. Du intellektuelle Niete, du geistiges Vakuum, du hirnloses Scheusal!

Simone: Verfehle dich nicht an mir! Du hast es leicht, mich zu verspotten, aber wenn du in der Nacht allein liegst auf deinem Bett, dann wird dir das überhebliche Lachen schon noch vergehen.

Rex Text: Wie werde ich dich wieder los?

Simone: Niemals wieder. Dein ganzes übriges Leben hindurch will ich dich treu begleiten und dir all deine Wünsche von den Lippen ablesen.

Rex Text: Soll das eine Drohung sein?

Simone: Steck mir dein Glied in den Mund, und laß mich deinen Samen schlürfen! Ich bin versessen auf dich. Befriedige zur Abwechslung auch einmal mich statt immer nur dich und dich und dich!

Rex Text: Höchst ungern.

Simone: Der Appetit kommt beim Essen.

Rex Text: Ich bin müde. Irgendwie komme ich nicht mit dir klar.

Simone: Weil du deinem eigenen Schwanz nicht vertraust. Schwänze sind wichtig für das Selbstvertrauen.

Rex Text: Was bist du primitiv!

Simone: Du wiederholst dich.

Rex Text: Vertragen können wir uns wohl nicht.

Simone: Nur wenn du mich gründlich fickst und durchpimperst, daß dir die Nille glüht und mein Saft mir aus der Scheide spritzt vor Wollust.

16.12.15 vor Jeschua Rex Text

Rex Text: Wir können nicht zusammenkommen.

Simone: Warum denn nicht, mein Geliebter?

Rex Text: Ich bin nicht dein Geliebter.

Simone: Wieso denn nicht, mein Kunde?

Rex Text: Wir sind zu wesensverschieden.

Simone: Ach, was. Papperlapapp!

Rex Text: Du redest so, wie du es verstehst.

Simone: Und du mußt endlich einmal wieder eine vernünftige und anständige Nummer schieben!

Rex Text: Du argumentierst recht gewöhnlich.

Simone: Ich bin eben eine gewöhnliche Person. Das willst du doch damit ausdrücken, nicht wahr?

Rex Text: Immer, wenn ich dich ansprechen will, werde ich von deiner mangelnden Schönheit zurückgestoßen.

Simone: Du bist auch kein Adonis.

Rex Text: Du hast angefangen, mir nachzustellen.

Simone: Gib doch zu, daß es dir durchaus angenehm erschien.

Rex Text: Na ja, es war nicht übel, aber auch nicht schön.

Simone: Du kannst mir im Mondschein begegnen.

Rex Text: Mit Vergnügen. Um wieviel Uhr denn?

Simone: Du hast mich bitterlich enttäuscht. Erst hast du mir diesen lustigen Brief geschickt, und dann hast du mich trotzdem nicht angemacht.

Rex Text: Deswegen hast du mich mit unflätigen Scheltwörtern überhäuft und überschüttet.

Simone: Geh doch mit deinem Triebstau in den Puff!

Rex Text: Ich befriedige mich lieber selbst, wobei ich aus Mangal an einer reizvollen Zirze an dich denke.

Simone: Heute abend wird gefickt.

Rex Text: Viel Vergnügen auch!

Simone: Mein Lieblingswort ist Schwanz. Ich will Schwanz in meine Fotze.

Rex Text: Was bist du doch primitiv!

Simone: Ficken, ficken, ficken, ficken!

Rex Text: O je, da habe ich mir ja einen schönen Fisch eingefangen!

Simone: Tu nicht so, als wäre es dir unangenehm, daß ich von Kopf bis Fuß auf Liebe eingestellt bin.

Rex Text: Ich habe keine Lust mehr, mich mit dir zu unterhalten. Deine Gegenwart ödet mich an. Es ist eine Gnade Gottes, daß ich nicht gezwungen gewesen bin, an deiner Seite auch nur eine einzige Stunde zu verbringen.

Simone: Gib zu, daß du geil auf mich bist! Meine Pflaume lockt deinen Rüssel magisch an!

Rex Text: Du hast doch nicht alle Tassen im Schrank!

Simone: Aber mein Humor hat dir gefallen?

Rex Text: Allerdings. Eine gewisse Gemütlichkeit kann mensch dir nicht absprechen.

Simone: Du bist mein ein und alles. Ich liebe dich von Herzen. Du behandelst mich wie den letzten Dreck, aber ich bin doch deine liebe und ergebene und bescheidene und gutherzige Simone.

Rex Text: Das ist doch alles erstunken und erlogen. Du fickst auf Teufel komm raus an jedem Abend mit dem und jenem.

Simone: Wenn du mich nicht anmachst!

Rex Text: Ich habe keine Lust auf dich. Du bist nicht schön genug. Du gefällst mir nicht sonderlich. Du hast Füße wie ein Schwein.

Simone: Danke schön. Deine langen Haare stehen in gerader Übereinstimmung mit deinem kurzen Verstand.

Rex Text: Laß mich doch in Ruhe! Weshalb behelligst du mich überhaupt?
Mit uns gibt es doch sowieso nie etwas!

Simone: Du bist kein Mann, du bist ein Waschlappen. Du bist eine feige Memme. Wenn es nach mir ginge, dann wären wir schon längst ein Paar.

Rex Text: Es geht aber nicht nach dir. Ich bin derjenige, der die aktive Rolle zu spielen hat. Von mir bekommst du nicht einen einzigen Kuß, damit du bescheid weißt. Du reizt mich eben nicht. Ich bin kein erotischer Wohltäter.

Simone: Ach, leck mich doch am Hintern!

Rex Text: Darauf, daß ich dir diesen Gefallen erweise, kannst du lange warten!

Simone: Deine Reimereien kannst du für dich behalten.

Rex Text: Es war mir klar, daß du es nicht gut findest, wenn ich von der Muse geküßt werde.

Simone: Du sollst mich küssen.

Rex Text: Dazu besteht nicht die geringste Veranlassung.

Simone: Dann bleib mir doch gestohlen!

Rex Text: Manchmal erblicke ich dich mit Vergnügen, doch das ist äußerst selten.

Simone: Du gehst mir gewaltig auf den Geist.

Rex Text: Du hast doch gar nichts, was mensch als Geist bezeichnen könnte!

Simone: Na warte, du Lump! Ich koche dir nichts zu essen!

Rex Text: Kannst du überhaupt kochen?

Simone: Und wie!

Rex Text: Das glaube ich nicht!

Simone: Ich bin auch gut im Bett.

Rex Text: Ich verzichte dankend.

Simone: Du sexueller Hungerleider wärest doch froh, wenn ich dich mit meinen zarten n Fertigkeiten beglücken würde.

Rex Text: Bleib mir vom Leib, du dumme Gans!

Simone: Das schlägt dem Faß den Boden aus!

Rex Text: Bewahre Ruhe, du unbeholfene und schüchterne Trine!

Simone: Aber die Zuteilung von Kartoffelsalat hast du gern verspeist?

Rex Text: Das war nicht dein Verdienst!

Simone: Du bist so doof, daß die Hühner lachen!

Rex Text: Werd´ bloß nicht unverschämt!

Simone: Du bist doch als Kind regelmäßig zu heiß gebadet worden!

Rex Text: Je länger ich mich mit dir unterhalte, um so unsümpatischer wirst du mir.

Simone: Das beruht bestimmt auf Gegenseitigkeit.

Rex Text: Dann laß uns jetzt hier einen Schlußpunkt setzen, bevor uns die Lage noch außer Kontrolle gerät!

Simone: Schade, willst du wirklich schon aufhören? Wir haben doch gerade erst angefangen, uns kennenzulernen.

17.12.15 vor Jeschua Rex Text

Rex Text: Es spricht alles dagegen, daß ich mich mit dir verbinde. Ich kann nur hoffen, daß ich bald einmal eine richtige Frau treffe.

Simone: Ich bin auf deine knickerige Zuwendung gar nicht angewiesen. Erotisch bin ich rundherum versorgt. Du mit deinen Fantastereien bist bestimmt nicht der Tüp, auf den ich mein ganzes bisheriges Leben lang gewartet habe.

Rex Text: In meiner Gegenwart bist du bisweilen geradezu in Begeisterung ausgebrochen. Ich möchte diesen Jubel ja erwidern, aber du reizt mich nun einmal nicht sonderlich.

Simone: Dann schalte eben weiterhin auf Handbetrieb um. Meine Scheide stünde dir zwar am Tage und in der Nacht wie selbstverständlich zur Verfügung, aber du verschmähst es ja, in mich einzudringen.

Rex Text: Ich kann mir beim besten Willen nicht vorstellen, worüber wir uns unterhalten könnten. Du bist so niedrig gebildet, daß ein Gespräch mit dir sich höchstens über das Wetter drehen könnte.

Simone: Von Geilheit allein kann mensch nicht leben.

Rex Text: Das meine ich ebenfalls.

Simone: Du bist der Traum meiner schlaflosen Nächte.

Rex Text: Ich habe sogar eines Nachts heftig geweint, weil es mit uns einfach nicht klappen wollte.

Simone: Vielleicht sind wir nicht füreinander bestimmt.

Rex Text: Oder wir sollen die ewige Trennung versinnbildlichen. Wie bei den beiden Königskindern ist das Wasser eben viel zu tief.

Simone: Wieso redest du so wenig mit mir? Ich warte sehnsüchtig auf ein liebes Wort von dir.

Rex Text: Es hat ja doch alles keinen Zweck. Du paßt nun einmal nicht zu mir. Du bist grob, ich bin fein. Du bist schlicht, ich bin verwickelt. Du bist unten, ich bin oben.

Simone: Du hast ja einen gepflegten Knall! Ich verdiene schließlich mehr Geld als du, folglich bin ich gesellschaftlich weitaus erfolgreicher als deine Erbärmlichkeit.

Rex Text: Dann küsse doch dein Geld! Mit dir will ich jedenfalls nichts Anschauliches und Begreifbares zu schaffen haben, denn deine negativen Schwingungen würden mich bloß zugrunde richten. Wegen dir würde ich meine Arbeitsstelle verlieren und auch sonst im Leben nicht mehr klarkommen.

Simone: Jetzt spinnst du völlig! Ich tue dir doch nichts. Im Gegenteil, durch meine pflegliche Behandlung wirst du aufblühen. Willst du bis an dein Lebensende mit düsteren Dämonen fechten, bloß weil dich keine Zirze zärtlich küßt und streichelt?

Rex Text: Du kannst mir nicht helfen. Ich muß mich an den eigenen Haaren aus dem Sumpf herausziehen.

Simone: Du bist stur wie ein Panzer. Du brauchst mich doch nicht gleich zu ehelichen. Wenn wir ein paar schöne und beglückende Nächte miteinander verbringen würden, dann wäre das doch bereits auch etwas Ersprießliches und Gedeihliches.

Rex Text: Deine gefühlsmäßige Ausstrahlung empfinde ich als unangenehm. Laß uns nicht mehr weiter miteinander reden. Es hat keinen Zweck. Wir beide sind eben nicht füreinander geschaffen.

Simone: Du verfügst doch sonst über so viel Vorstellungsvermögen. Nur in meiner Hinsicht gleicht deine Fantasie einer trostlosen Wüste.

Rex Text: Du gefährdest meine innere Harmonie. Unter der Last deiner Gesellschaft würde ich unweigerlich zusammenbrechen. Du bist nicht gut für meine Persönlichkeit. Du bist eine Last, die ich nicht auf mich nehmen sollte.

Simone: Dann bleib mir doch gestohlen, du elender Galan! Erst schickst du mir einen vortrefflichen Liebesbrief, und dann bekommst du plötzlich kalte Füße. Mit dir ist wirklich und wahrhaftig kein Staat zu machen!

Rex Text: Wir streiten uns doch bloß. Was soll das bezwecken? Wenn ich allein bin, dann habe ich meine Ruhe. Wenn ich mit dir zusammenweile, dann geifern wir uns doch bloß an. In deinem Interesse rate ich dir, meine Gegenwart geflissentlich zu meiden.

Simone: Ich liebe dich mit Schmerzen von Herzen. Du beachtest mich nicht, aber ich sauge dein Wesen in mich auf und halte es mir des Abends vor Augen, wenn die kalten Sterne vom Himmel herunterstrahlen und wenn niemensch in meiner Nähe sagt, daß er mich sümpatisch findet.

Rex Text: Du hast doch einen festen Liebhaber. Laß mich doch mit deinen gefühlsmäßigen Ansprüchen in Ruhe! Wir passen nicht zusammen. Es ist gänzlich aussichtslos. Es würde nur Unglück und Scherben geben, wenn wir uns verbinden und vereinigen würden.

Simone: Mein papierener Liebhaber! Mein einzigartiger Don Kischott! Laß mich deine Dulzinea sein! Auch ich bin nur eine geringfügige Magd vor dem großen und stattlichen Herrn. Laß mich in Demut dir treu meine bescheidenen Dienste leisten, auf daß die Nachwelt noch das Hohelied singen möge unserer Traulichkeit und Innigkeit!

Rex Text: Ich will dich nicht! Du gefällst mir nicht! Ich finde keinerlei Gefallen an deinen überaus spärlichen Reizen. Mit dir ist es unmöglich, eine romantische Stimmung herzustellen. Du bist Gift für meine Liebesbereitschaft. Es ist nicht ratsam, daß ich mich dir widme. Du würdest mich umbringen.

Simone: Larifari, Papperlapapp, Wischiwaschi, Kokolores, Fisimatenten! Du bist der, der zu mir gehört, und ich zwinge dich herbei. Du bist für mich bestimmt, und ich bin dir zugeordnet. Wir beide werden uns noch kringelig und scheckig lachen, soviel ist gewiß!

Rex Text: Du bist ja nicht ganz bei Trost! Du schätzt unsere Lage nicht wirklichkeitsgetreu ein. Was könnte ich schon mit dir anfangen? Einige orgiastische Nächte im Bett, das wäre es dann wohl gewesen.

Simone: Du tickst doch nicht ganz sauber! Wieso lehnst du mich beharrlich ab? Wenn du mich nicht mögen würdest, dann würdest du doch gewißlich nicht soviel Farbband von deiner Schreibmaschine dafür verwenden und verschwenden, um deine ersonnenen Gespräche mit mir auf das ebenfalls nicht kostenlose Papier zu bannen.

Rex Text: Je länger ich über uns nachgrübele, desto fester steht mein Entschluß, dich nach Kräften zu meiden. Du bist mein Unglück! Hätte dich dich noch niemals angetroffen! Hätte mein Auge dich doch niemals erschaut! Wärest du mir doch niemals über den Weg gelaufen!

Simone: Eine merkwürdige Form der Balz vollführst du da vor mir! Bist du noch zu retten? Kann dir noch geholfen werden? Ist es noch möglich, dich wieder auf die Beine zu bekommen?

Rex Text: Du bist mein Untergang! Ja, ja, ja, ich habe mich im Frühling in dich verliebt, sehr heftig sogar, aber warum sich dies ereignet hat, das begreife ich noch heute nicht. Du hast mich nicht in Ruhe gelassen. Ich suchte dich abzuwimmeln, aber es ist mir leider nicht gelungen. Dein verhängnisvoller Zauber hat mich um deinen kleinen Finger gewickelt. Ich bin dir aus Mitleid hörig geworden. Ach, könnte ich dich doch bloß abschütteln wie eine lästige Wespe!

Simone: Wenn die Sonne erkaltet, dann glüht noch meine Liebe zur dir. Wenn die Sterne ihren Glanz verlieren, dann schlägt noch mein Puls kräftig für dich. Wenn die Erde wüst und leer ist, dann wandern wir beide noch engumschlungen durch die Ödnis und halten uns liebend umfangen.

Rex Text: Laß es gut sein! Laß es auf sich beruhen! Unsere Vorstellungen stimmen nun einmal nicht mit der grausamen Wirklichkeit überein.

Simone: Ich habe dich geliebt, ich liebe dich, und ich werde dich lieben. Meine Liebe zu dir kennt weder Maß noch Grenze. Ich bin dir unrettbar verfallen und bitte dich, nach deinem Belieben über mich zu verfügen!

18.12.15 vor Jeschua Rex Text

Rex Text: Es ist nicht auszuhalten in deiner Gegenwart! Du folterst mich durch deine bloße Anwesenheit! Wenn ich mich nicht bald von dir trenne, dann gehe ich unweigerlich rasch zugrunde.

Simone: Dann scher dich doch zum Teufel! Ich bin es leid, als Sündenbock für deine Verfehlungen herhalten zu müssen! Wer bist du denn schon? Du bläst dich zum Ochsen auf, du Frosch!

Rex Text: Schweig! Die Finsternis hält mich umgarnt. Wäre ich doch bloß niemals auf dich hereingefallen! Du hast mich heimgesucht bei Nacht, und in deiner Umgarnung ringe ich vergeblich, mich von der verhängnisvollen Verstrickung zu lösen.

Simone: Denkst du vielleicht einmal zur Abwechslung auch an mich? Nein, du denkst nur an dich selbst! Ich hasse dich wie die Pest! Tausend Gefühle habe ich dir gewidmet, und nicht eine Empfindung hast du mir erwidert!

Rex Text: Pah! Du reizloses Entlein, du wirst dich niemals zu einem prächtigen Schwan heranentwickeln! Aber ich würde dich durchaus zur Freundin nehmen - für eine gewisse Frist -, wenn deine unheilvollen Schwingungen mit nicht beständig das arggemarterte Bewußtsein verheeren würden.

Simone: Du törnst mich überhaupt nicht an. Seit mehreren Wochen meidest und schneidest du mich, als seiest du meiner überdrüssig geworden. Bin ich denn wirklich so schlimm? Was habe ich an dir verbrochen?

Rex Text: Du bist eine ungeeignete Zirze. Weshalb ich mich überhaupt mit dir befasse, das ist mir selbst schleierhaft. Millionen von Kalüpsos sehen schöner aus als du, und trotzdem bin und bleibe ich zu meinem Nachteil ausgerechnet auf dich fixiert. Du leitest gewißlich meinen vollständigen Ruin ein!

Simone: Du bist ein Angsthase! Du schreckst vor mir zurück. Ich habe noch niemals in meinem Leben einen derartigen Feigling wie dich erblickt.

Rex Text: Vor dir ergreife ich lieber gleich die Flucht, als mich jahrelang durch deine negativen Gehirnströmungen foltern zu lassen. Wir passen einfach nicht zusammen. Daß ich mich damals in dich verliebt habe, war ein riesiger Fehler und ein gigantischer Irrtum, ja, eine unverzeihliche Geschmacklosigkeit!

Simone: Du geiler Bock, ich möchte deine Zippe sein! Ja, ich begehre dich, meine Scheide bebt dir erwartungsvoll entgegen, und mein prallen Busen harrt sehnsüchtig darauf, von deinen heißen Händen gestreichelt und geliebkost zu werden. Du bist der Mann meiner Träume, du bist der König der Welt!

Rex Text: Ach, das sind doch alles nur Sprüche! Darum prüfe ewig, wer sich bindet, ob sich nicht doch noch etwas Besseres findet! Du bist weder eine gute Wahl noch etwa die beste Partie, du bist einfach nur ein kleines Mädchen mit einem kurzen Pferdeschwanz.

Simone: Mit geistigen Mitteln willst du mich kontaktieren? Daß ich nicht aus voller Kehle lache! Das Papier beschriftest du unermüdlich, aber wenn du an mir vorbeischleichst, dann verhältst du dich geflissentlich mucksmäuschenstill. Du bedauernswerter Bursche, du kennst einen Kuß doch bloß aus dem Fernsehen oder aus deinen verwünschten Büchern!

Rex Text: Mir laufen eben nur Sirenen wie du über den Weg, die von mir Liebesschwüre erwarten, obwohl sie mir überhaupt nicht gefallen. Dann verleitet mich meine angeborene Gutmütigkeit dazu, aus Mitleid nachzugeben. Ich wünschte, ich könnte dich härter behandeln!

Simone: Von dir getrennt zu weilen, o Geliebter, ist die höchste Strafe für mich, und an Hunderten von Tagen habe ich mir das Gehirn zermartert, wie ich deine Person in meine Nähe bekomme, aber du hättest dich mit mir verabreden müssen, und du hast nichts Wesentliches unternommen, sondern lediglich wie ein trunkener Hanswurst über mich gelästert und gelacht.

Rex Text: Ich schaudere eben vor dir zurück. Du kannst mir geistig nicht viel bieten. Du bist mir nicht ebenbürtig. Weshalb plaudere ich jetzt und hier mit deiner Wenigkeit? Der Bergende befiehlt und gebietet es mir, doch ich gewahre in seinem Befehl und in seinem Gebot keinerlei Sinn, denn du bist bar jeglicher verlockenden und betörenden Sinnlichkeit.

Simone: Fahre fort, mich unausgesetzt zu schmähen! Mir ist alles lieb, wenn du dich nur mit mir befaßt und beschäftigst. Mein Leben hängt an einem seidenen Faden, und du hältst die Schere in der Hand, um diese Verbindung zu kappen. Laß dieses Gerät sinken, ich flehe dich an!

Rex Text: Du glaubst also nicht, daß diese Art der gesprächsmäßigen Auseinander- oder besser Zusammensetzung dazu führen könnte, daß wir uns auch im wirklichen Dasein von Angesicht zu Angesicht traulich und vernünftig unterhalten? Ha, das will ich dir wenigstens beweisen, daß meine Gedanken richtig sind und daß meine seltsame Teorie zu einer erfreulichen Praxis führt!

Simone: Ich figuriere folglich als dein Versuchskaninchen? Meinetwegen. Hauptsache ist, daß ich in deinen verwickelten Erwägungen eine Rolle spiele. Meine ausgeprägte Geschlechtlichkeit stößt dich vor den Kopf? Wieso denn? Strebst du denn nicht auch nach einer berauschenden geschlechtlichen Vereinigung? Wieso urteilst du derart abfällig über meine starke Erotik?

Rex Text: Bernd hat dich als Luderia bezeichnet. Dein Unterleib ist in deinem Bewußtsein erheblich vertreten, aber das hast du mit mir gemeinsam. Vielleicht ist es doch kein Zufall, daß ich auf dich geflogen bin und daß ich auf dich stehe. Allerdings bist du lediglich ein Notnagel, ein willkommenes Ventil für meine überbordende Geilheit.

Simone: Das ist doch ganz natürlich. Du verhältst und gebärdest dich so, als ob du der einzige Mensch mit sexuellen Bedürfnissen wärest. Wähnst du etwa, mich füllt es vollständig aus, wenn ich an der Kasse Scheine und Münzen einnehme oder wenn ich an einem Regal Dosen oder Packungen sortiere? So richtig nett ist es nur im Bett.

Rex Text: Dein Gerede stößt bei mir auf taube Ohren. Du bist primitiv veran-agt und mußt dir auch einen primitiven Gefährten suchen. Mit dir kann ich bestimmt nicht über Göte und Schiller reden. Du kennst nur die Groschenromane.

Simone: Mein Herz schlägt für dich ohne Unterlaß. Nicht nur im Mai, sondern auch im Dezember hänge ich gebannt an deinen lustumzuckten Lippen, auf denen sich die verlockende Wonne deiner reichhaltigen Lebenserfahrung widerspiegelt. Ich bin dir verfallen, ich bin dir preisgegeben, ich bin dir hörig. Dein Wille geschehe, denn ich bin deine gehorsame Sklavin, und was du mir sagst, das will ich verrichten.

Rex Text: Da habe ich aber auch etwas davon. Soll ich dich an Ketten durch die Straßen schleifen?

Simone: Der Abend wird lang, die Nacht noch ausgedehnter sein. Dann wirst du deine heftigen und groben Worte mir gegenüber tief bereuen. Ich liebe dich von Herzen mit Schmerzen, denn in deinem einzigartigen Brief beliebtest du auf unwiderstehliche Art zu scherzen, und dein göttlicher Humor hat mich in deine Bande geschlagen. Entscheide gütig über mein Schicksal! Ich beuge vor dir demütig mein Haupt. Du bist die Quintessenz meines Daseins, und du bist der Kern des teuflischen Pudels. Laß mich nicht im Stich! Laß mich nicht sitzen! Beende deine teilnahmslose Grausamkeit mir gegenüber!

Bitte, bitte, bitte!

19.12.15 vor Jeschua Rex Text

Rex Text: Was willst du denn nun schon wieder von mir? Weshalb läßt du mich denn nicht endlich in Ruhe? Das Pech heftet sich an meine Sohlen, wenn ich mich mit dir befasse. Es ist besser, wir brechen die Brücke zwischen uns entzwei.

Simone: Immer bin ich dir lästig, niemals hast du ein gutes Wort für mich übrig. Weshalb kannst du mich denn nicht anständig und liebenswert behandeln? Ich beiße doch nicht. Ich bin auch nicht tollwütig. Meine Liebe zu dir ist unerschöpflich und unauslotbar.

Rex Text: Ach was, Liebe! Du stößt mich in einen finsteren Abgrund hinunter, und da sollte ich mich nicht vor dir fürchten, da sollte mich nicht vor dir das düstere Grauen packen, da sollte ich nicht bei deinem Anblick die Beine in die Hand nehmen? Weißt du eigentlich, was du da von mir verlangst?!

Simone: Fassungslos vernehme ich deine unbändigen Ausscheltungen und deine maßlosen Verwünschungen meiner harmlosen Person. Was habe ich angestellt, daß du mich derart verachtest? Weshalb wirke ich wie ein rotes Tuch auf dich rasenden Stier?

Rex Text: Es hat keinen Zweck, mit dir eine Unterhaltung zu bestreiten. Du überschüttest mich mit Unglück, und du bescherst mir seelische Not. Laß mich in Frieden meine Bücher studieren, und begib dich weiterhin auf die niedrige Ebene der handfesten Wollust herab!

Simone: Ich bin süchtig nach dir, nämlich sehnsüchtig. Jawohl, Tag und Nacht wringe ich mein tränennasses Taschentuch aus, weil es mir ein namenloses Leid verursacht, wenn ich mich an all die wunderschönen, ja beseligenden Stunden erinnere, die wir gemeinsam miteinander zwischen Jogurtbechern und Käseverpackungen verbracht haben. und wenn ich es mir dann seufzend vor die Augen halte, daß all unsere hoffnungsvollen Anfänge sich zu keinem beglückenden Abschluß hin entwickelt haben.

Rex Text: Wie oft soll ich es dir noch unter die Nase reiben, daß wir nicht aufeinander abgestimmt sind?! Du und ich - wir sind zwei verschiedene Paar Schuhe, und du solltest es endlich begreifen, daß deine Musik nicht in meinem Bette zu spielen hat.

Simone: Beziehst du dich etwa schon wieder auf meine angeblich übermäßige Geilheit? Ach, mein Geliebter, ich bin dir nah, obwohl ich in der Ferne weile, und deine Augen verfolgen mich bis in den tiefsten Schlaf hinein. Wenn ich des Nachts auf meinen Kissen schlummere, dann schwebt mir dein Bild unablässig vor Augen, und deine männlichen Lippen lächeln mich an, und ich frage bang: "Warum denn nur nicht, warum?"

Rex Text: Du fällst mir auf die Nerven, und du gehst mir auf den Geist. Eigentlich sollte ich das Gespräch mit dir sofort unterbrechen und beenden, denn in der Wüste gedeihen keine Rosen, und auf felsigem Untergrund reift kein Weizen heran. Mein Haß auf dich steigert sich von Stunde zu Stunde. Du bist nicht der rechte Umgang für ein Schenie. Deine Plumpheit paßt nicht zu meiner Feinheit.

Simone: Gedulde dich an mich heran! Deine ausgeprägte Menschenfreundlichkeit wolle sich auch auf meine Geringfügigkeit erstrecken! Ich bin sicherlich eine vernachlässigenswerte Größe und ein unscheinbarer Anblick, aber mein Herz pocht dir glutvoll entgegen, und meine Sinne hungern und dursten nach der gemeinsamen Sinnlichkeit mit dir.

Rex Text: Ich habe dich niemals herbeigebeten, denn ich habe dich stets abgelehnt. Ich will dich nicht, aber du willst mich, und weil du mich willst, will ich auch dich, aber nur für eine kurze Weile, und dann auf und davon für immer und ewig!

Simone: Wenn es Kohlen schneit und wenn es Geld regnet, wenn die Flüsse aufwärtsströmen und wenn der Himmel zu unseren Füßen blaut, wenn die Vögel wiehern und wenn die Pferde zwitschern, wenn die Bauern Bücher verschlingen und wenn die Professoren auf dem Traktor sitzen, wenn das Bittere süß schmeckt und das Salzige sauer mundet, wenn die Berge flach sind und die Ebenen hügelig, dann wollen wir uns vereinen, dann wollen wir unauflöslich miteinander verschmelzen.

Rex Text: So viel Dichtung in einer derartigen Schlichtheit! Ich bin wie vom Donner gerührt. Du führst dich ja schlauer auf, als ich dich vermutet hätte. In menschen Gefilden erscheinst du recht angenehm. Na ja, wir haben uns ja noch nicht in der Wirklichkeit miteinander gestritten.

Simone: Dein Glied in meiner Hand wäre ein Werkzeug der Lust in meinen flinken Fingern.

Du betrachtest mich und meine Kolleginnen an der Kasse lediglich als Tieniebambinis, ich bin jedoch eine erwachsene Frau mit einem ausgeprägten Geschlechtstrieb, und meine Begierde verschlingt dich mit Haut und Haar. Du gewährst mir eine unaussprechliche, ja göttliche Offenbarung, wenn du stumm den großen Laden betrittst und wortlos den Tschipp in den Einkaufswagen steckst, deinen Einkaufszettel hervorholst sowie den Kugelschreiber und deine Tuhr beginnst. Ich stehe dann wartend, ja lauernd hinter dem Regal mit den Wasch- und Putzmitteln, doch du schreitest vorbei wie ein Dieb in der Nacht, und mein Kopf senkt sich, und der Sinn wird mir schwer.

Rex Text: Blase doch kein Trübsal um meinetwillen! Ich bin doch bloß ein alter Mann, der in seinem ganzen Leben noch niemals eine richtige Frau über einen längeren Zeitraum hinweg geliebt hat. Du bist jung, dir stehen alle Türen offen. Was hängst du dein jugendliches Herz an meine welken Gesichtszüge?

Simone: Ich kann es nur empfinden, nicht begründen. Du magnetisierst mich, du elektrisierst mich, du mesmerierst mich! Du bist das A und Z meines Lebens, der Anfang und das Ende, der Beginn und der Schluß, das Oben und das Unten, die Quelle und das Meer, das Tal und der Gipfel, die Sonne und der Mond und all die Sterne dazu. Ohne dich lohnt es sich nicht für mich, meinen Fuß auf den harten Bürgersteig zu setzen. Die Stunden vergehen nicht im Fluge, wenn du nicht an meiner Seite stehst, sondern sie schleppen sich zäh und unausgefüllt dahin, und am liebsten wäre ich tot und begraben. Sei der Atem meiner Lunge, sei das Blut meines Herzens, sei das Fleisch in meinem Magen!

Rex Text: Langer Rede kurzer Sinn: du bist hin, doch ohne Gewinn. Es wäre allerdings ein unverzeihliches Verbrechen gegen die Menschlichkeit, wenn ich mich nicht mehr um dich kümmern würde. Na schön, ich werde deine Gegenwart suchen, und ich werde deinen liebeerschmachtenden Leib wenigstens einmal mit meinen zarten Händen verwöhnen. Erwarte aber nicht zu viel von meinen Wiedergutmachungsaktionen!

Simone: Du bist die Welt für mich. Was bedeuten mir schon Tomaten und Äpfel, Zahnpastatuben und Bierflaschen, Schokoladentafeln und Suppenkonservendosen, wenn du den nüchternen Raum des Handelns, diese kalte Verbrauchsgüterpracht, nicht mit deiner erhebenden Anwesenheit verzierst, schmückst und regelrecht belebst, zumindest erwärmst?

Rex Text: Du preist mich über den grünen Klee. Das kitzelt zwar meine Eitelkeit, doch meinst du nicht auch, es sei unangemessen, mich auf ein derart hohes Podest zu stellen?

Simone: Dir gebührt eine eigene Püramide. Laß mich die Sfinx sein an deiner Seite! Ich will neben dir in der Wüste weilen, du die Püramide, ich die Sfinx, und so wollen wir ein Gleichnis abgeben für die nachkommenden Generationen. Mein Farao, laß mich deine Schwester aus königlichem Geblüte sein, und heirate mich! Denke daran: es gibt ein Leben vor der Einbalsamierung und ein Dasein vor der Mumifizierung! Eine unübersehbare Pracht wird über uns hereinbrechen, und unserer Koserei wird kein Ende sein! Die Vögel werden mit ihrem Tirilieren immerdar unsere Lust begleiten.

Liebe Frau!

In vielen Nöten hilft das Beten.
Kann mensch vor den Schöpfer treten
und ihm seinen Kummer klagen,
hebt sich der nervöse Magen,
doch ich bin des Teufels Beute,
weil ich mich an dir erfreute,
denn eile ich durch euren Laden,
dann nimmt meine Seele Schaden,
und das Herz wird bang und schwer,
und der Mund, er lacht nicht mehr,
denn deine lange, verlockende Gestalt
übt auf mich eine magische Gewalt,
und ich muß in bittren Nächten
arg mit meinem Herrgott rechten,
daß er dich mir gab vor Augen,
denn das Ganze will nichts taugen.
Du hast sicher einen jungen Macker,
und ich bin ein alter Knacker,
abgeschlafft und ohne Kohle,
manchmal klafft ein Loch in der Sohle,

und das liebe Geld fehlt an allen Kanten und Ecken.
Deshalb muß ich mich vor dir verstecken,
kann dich nicht zum Scherze necken
und werde einsam wohl verrecken.
In vielen langen Nächten stand
dein Bild an meiner Zimmerwand,
mein Herz schlug hoch jäh bis zum Hals,
mein Hirn sprach grimmig: "Keinesfalls!
Es hat mir ihr doch keinen Gewinn,
Bin ich auch noch so von ihr hin.
Sicher näht sie kleine Tücher,
Sicher liest sie keine Bücher,
geistige Werte sind ihr fremd, ja ein Graus,
ein Professor kommt ihr nichts ins Haus.
Und ich weiß, daß die Chemie nicht stimmt,
wenn sie sich auch noch so sinnig-minnig benimmt.
Mich plagt deswegen arg der Frust,
auf der Strecke bleibt die Lust.
Ich schrei in meiner Elendspein:
"Leb wohl! Es hat nicht sollen sein!"

Manchmal beabsichtigte ich, Simone die Verse, die noch nicht vollzählig waren, in einer fotokopierten Ausgabe im Rahmen einer Verabredung bei mir zuhause oder im Stadtwald zu überreichen, doch davon habe ich aus Scheu und Beklommenheit immer wieder Abstand genommen, was sich dann auch als richtig erwiesen hat, ihr Verlobter hätte mich wahrscheinlich umgebracht. Der Dicke ist Bernd Idel, der auch einen Vers beigesteuert hat, er befand sich damals gerade in einer Klinik, ich hatte an der Kasse von ihm erzählt, Simone kannte ihn, weil er auch in diesem Laden häufig eingekauft hat, er wohnte bei mir in der Wohngemeinschaft der vier Männer.

Zu diesem Heft wollte ich folgende Erklärung beifügen:

Liebe Simone!
Weißt du, wo ich wohne?
In der Nummer Zehnvier hause
ich in einer engen Klause.
Der Dicke hat von dir gedichtet,
von ihm habe ich dir ja berichtet,
daß er in Düren weilt und siecht.
Weil bei unserer Arbeit die Zeit nur so kriecht,
hat mein Kumpel mir vorgeschlagen,
es doch einmal mit Worten zu wagen,
über dich Reime zu verfassen.
und ich habe es mir nicht nehmen lassen,

angeregt durch ihn und seine Versuche,
dich darzustellen in einem kleinen Buche,
das ich "die kesse Simone" nannte,
weil ich dich nicht anders kannte.
Viele Verse enthält diese Broschüre,
die ich keinesfalls mit mir führe,
sondern sorgsam auf dem Speicher verstecke,
sonst bringst du mich noch um die Ecke,
denn der Inhalt ist zwar vergnüglich,
aber doch ein wenig anzüglich,
und wenn du es liest ohne meine Begleitung,
dann kommt es gewiß zur Mordtatausschreitung.
Deshalb möchte ich dir die Verse vortragen,
denn dabei kann ich Bemerkungen sagen,
die das Schlimme ein wenig mildern
und meine harmlose Absicht schildern.
Du kannst mich in meiner Wohnung besuchen,
oder im Wald zwischen Eichen und Buchen
bei schönem Wetter kann ich es dir zeigen,
was ich dir tat ein Vierteljahr lang verschweigen.
Herzliche Grüße sendet bescheiden Rex Text,
der das Papier mit Simonereimen hat bekleckst.

Diese Einladung ist niemals abgeschickt worden.

Ein Arbeitsgefährte wollte das Heft mit den Versen der Simone im Supermarkt überreichen, dazu sollte er dann folgenden Brief übergeben:

Liebe Simone!

Wir haben eine eintönige Arbeit zu erledigen, und im Balz- und Wonnemonat Mai habe ich es für richtig gehalten, einige Verse auf deine Schönheit zu dichten. Wir haben in der Werkhalle über jeden Reim fast herzlich gelacht, und zwar über die schlimmsten Ersinnungen am lautesten.

Deshalb will ich dir diese kurzen Gedichte nicht vorenthalten, da du für uns eine Quelle der Lust und der Freude gewesen bist. Es handelt sich dabei lediglich um Fantasie, deshalb nimm sie nicht persönlich, sondern als ein lustiges Spiel mit Worten und Inhalten.

Viel Spaß beim Lesen und Genießen wünscht dir

Rex Text

Auch dieses Vorhaben wurde wohlweislich nicht durchgeführt.

Diese Zeilen wurden verfaßt, nachdem Simone mit ihrem Verlobten den Dichter besucht hatte und es zu einer lautstarken Auseinandersetzung gekommen war.

Rechtfertigung

Liebe Simone!

Ich habe deine Nerven belastet, als ich dir einen Brief geschickt habe, dessen Inhalt von sexuellen Dingen gehandelt hat. Ich habe sogar ein Büchlein mit dem Titel:" die kesse Simone" zusammengestellt, und heute weiß ich, daß du dich ungemein gedemütigt fühlen würdest, wenn du seine Verse jemals zu Gesicht bekommen würdest.

Ich will mich auf zweierlei Weise verteidigen. Erstens will ich diese Frivolitäten nicht entschuldigen, aber erklären. Die Umstände oder das Schicksal haben es so gefügt, daß ich seit etwas zwanzigvier Jahren nicht mehr mit einem willigen weiblichen Wesen das Bett geteilt habe. Ich bin also mit meinen vierzigfünf Jahren entsprechend ausgehungert. Fernerhin lebe ich seit vielen Jahren nur mit Männern zusammen: Männer bei der Arbeit, Männer in der Wohngemeinschaft, Männer beim Fußball im Fernsehen. Was eine Frau in ihrer Seele fühlt, woher soll ich es auch nur erahnen, geschweige denn wissen?

Zweitens muß ich zu meiner Verteidigung anführen, daß ich zwar im Laufe der vergangenen Monate auch geschlechtliche Fantasien über dich gehabt habe, aber das war nicht die Hauptsache, und auch die Verse waren nicht so wichtig, ich habe sie hingeschrieben und vergessen; was mich jedoch nachhaltig beeindruckt hat, war deine ungemeine Weiblichkeit. Du bist zwar erst zwanzig Jahre alt, aber deine menschliche Ausstrahlung ist beeindruckend, und ich habe dich kaum im Bett betrachtet, sondern meist an der Kasse sitzend oder im Kittel zwischen den Regalen.

Du warst in meinem bisherigen Leben der einzige weibliche Mensch, der mich durch eine unausprechliche Schwingung bezaubert hat. Und obwohl ich weiß, daß deine geistige Sfäre mich schlecht draufbringt, bin ich dir sozusagen auf eine feinsinnige Art verfallen gewesen, ich war süchtig nach deinem Anblick und bin gerade dabei, mich wieder zu entwöhnen.

Ich bereue nichts. Ich bedaure nur, daß ich nicht so viel Einfühlungsvermögen besessen habe, daß ich mir nicht ausmalen konnte, wie verletzend die schlüpfigen Verse auf dich wirken würden. Aber daß ich dich geliebt habe auf meine feige und nervöse Art, daß ich im Dschungel der Zivilisation in dir einen inneren Halt gefunden habe nach dem Motto: "Wenigstens ein Mensch, der zu mir freundlich ist.", das bereue ich nicht, denn diese einseitige Liebe hat mich glücklich gemacht.

Du stehst im Laden vor mir und blickst mich geheimnisvoll an. Welch ein Reiz! Welch ein Zauber! Du warst nicht für mich bestimmt, und ich habe genau gewußt, daß ich dich niemals zur Ehefrau erhalten werde, aber du hast mich auf eine unbeschreibliche Weise beseligt durch deine geheimnisvollen und doch so vertrauten Gesichtszüge wie keine Frau vorher.

Liebe braucht sich nicht zu entschuldigen. Du hältst mich für einen bedrohlichen Lüstling, und das schmerzt mich zutiefst, aber Gott kennt die Wahrheit und weiß, daß du mir eine weibliche Sfinx voller Rätsel und Verlockungen und Verheißungen und voll unendlicher Güte bist. Leb wohl! Ich werde dich niemals wiedersehen! Der Schein spricht gegen mich, ja sogar mein Büchlein: "die kesse Simone" klagt mich der verbotenen Lust an, aber meine Absichten waren lauter, und ich bin überzeugt, wenn wir uns auch nur eine Viertelstunde lang unterhalten hätten, dann hättest du gemerkt, wes Geistes Kind ich bin.

Ich wollte dir meine Sümpatie zum Ausdruck bringen, das ist mir leider nicht gelungen. Ich wollte dich erfreuen, das habe ich leider nicht geschafft. Ich wollte dich zwanglos kennenlernen, das bleibt mir für immer verwehrt.

Leb wohl! Deine Anwesenheit in meiner Nähe war das schönste Geschenk des Weltalls an einen verbitterten Menschen. Deine Freundlichkeit war wohltuend, und deine sfinxhafte Weiblichkeit war ein offenliegendes Geheimnis.

Ich kann dir die Reinheit meiner Gefühle zu dir nicht glaubhaft beweisen, du würdest mich auslachen. Lieber Gott, du kennst mich genau und weißt, daß ich dieses einmalige Wesen verehrt habe.

Simone, leb wohl! Werde glücklich mit deinem Brüller! Ich kann nicht derart wild schreien, das ist wohl ein Nachteil. Ich habe mich ungeschickt angestellt. Wenn ich den Schaden wiedergutmachen könnte, würde ich es tun. Du läßt es nicht zu, das muß ich hinnehmen.

Simone, leb wohl! Ich werde dich vermissen.

damaliges Vorwort

Die folgenden Verse sind polizeilich verboten, und ihr werdet bald wissen wieso. Sie beziehen sich auf eine Supermarktkassiererin namens Simone und spiegeln erotische Fantasien wieder. Schon dieser Name: Simone. Heißt jemensch von euch so? Na ja, die Verse sind nicht auf dich gemünzt. Ihr Verlobter wollte mich deswegen zusammenschlagen und hat sich nur von meiner friedlichen und harmlosen Ausstrahlung daran hindern lassen.

Wir haben eine ziemlich stumpfsinnige Arbeit, und im Radio laufen auch nicht immer die Tophits des Jahres. Und als es einmal Frühling war, haben wir zusammen unter meiner Leitung die folgenden Reimereien verbrochen. Damals hat die Sonja noch nicht bei uns gearbeitet, es war eine reine Männerbelegschaft, und auf sittsame und keusche Frauen wirken diese Hervorbringungen recht anstößig.

Manchmal lassen sich gewisse derbe Ausdrücke nicht vermeiden.

"Wenn Rex Text mit ihr koitiert,
Simone den Verstand verliert.",

das klingt doch recht gespreizt. Und zu Glied kann mensch höchstens noch Penis sagen, ich halte es aber nicht mit den griechischen und lateinischen Fachausdrücken, und deshalb werfe ich gelegentlich den Ausdruck "Schwanz" in die Debatte, nicht weil ich besonders ordinär wäre, sondern weil dann jeder versteht, was gemeint ist. Und statt kohabitieren sage ich schlicht und einfach ficken, weil mir kein anderes eindeutiges Wort, außer vielleicht bumsen, bekannt ist.

Es wird aber nicht nur davon gesprochen, sondern von dem ganzen Umfeld, vom Supermarkt und von anderen Erlebnissen, und aus all dem setzt sich wie aus einzelnen Steinen ein Mosaik zusammen, das sozusagen einen Bericht darüber gibt, wie in Menschdorf gelebt und gedichtet worden ist.

Hat Simone einen sitzen,
muß Rex Text im Bette schwitzen.

Wenn Simone Schwänze lutscht,
der Samen in den Hals ihr rutscht.

Simone wandelt in der Sonne,
Rex Text betrachtet sie voll Wonne.

Simone, die hat einen Knall,
bei Rex Text ist das nicht der Fall.

Simone fürchtet sich gar sehr,
Rex Text fällt´s zu verstehen schwer.

Simone wird es schier zu bunt,
da küßt Rex Text sie auf den Mund.

Rex Text ist ein recht schlimmer Wicht,
Simone gefällt sein Dichten nicht.

Bei Plus herrscht Panik, Aufruhr, Toben,
Rex Texts Verse mag niemensch loben.

Simone ruft bald die Polizei,
Rex Text findet an seiner Reimerei nichts dabei.

Simones Platzhirsch röhrt und brüllt,
Rex Texts Gedichte stimmen ihn wild.

Rex Text in unserem Städtchen
versteift sich auf zwanzigjährige Mädchen.

Simone kann nicht segeln,
Doch ist sie gut zu vögeln.

Trinkt Simone heimlich Schnaps,
gibt Rex Text ihr einen Klaps.

Simone überhäuft ihn mit Schmähungen,
denn Rex Text hat Blähungen.

Bekommt Simone etwas in den falschen Hals,
dann lutscht sie weiter jedenfalls.

Spürt Simone Rex Texts Pimmel,
fühlt sie sich im siebten Himmel.

Fühlt Simone Rex Texts Glied,
weiß sie nicht, wie ihr geschieht.

Wenn Simone einen Bikini trägt,
es Rex Text die Sprache verschlägt.

Leckt Simone seine Eier,
wünscht Rex Text sich einen Dreier.

Hochverehrtes Publikum!
Simone war stets dumm und stumm!

Simone kann nicht sehr gut denken,
Rex Text tut ihr Pariser schenken.

Wenn Simone sich zur Kasse bewegt,
wird Rex Text von ihrem Anblick stark erregt.

Hat Simone schwer geladen,
kommt Rex Text im Bett zu Schaden.

Geht Rex Text ihr in das Garn,
trinkt Simone seinen Harn.

Hat Simone mal kein Brot,
ißt sie gerne Rex Texts Kot.

Bumst Rex Text sie am Gemüsestand,
gerät Simone außer Rand und Band.

Hat Simone einen sitzen,
ist sie voll wie zehn Haubitzen.

Wenn Simone Karten spielt,
Rex Text an ihrem Busen wühlt.

Kommt Simone in die Jahre,
verliert allmählich sie die Haare.

Wenn Simone Lieder schmettert,
wird sie von Rex Text vergöttert.

Simone hat ihn arg verflucht,
denn Rex Texts Verse sind verrucht.

Ist der Braten Simone nicht geraten,
verhaut Rex Text sie mit dem Spaten.

Simone schreit zu Rex Text: "Nein!
Deine Reime sind gemein, nicht fein!"

Simone paßt nicht zu Rex Text,
hat sie ihn auch stark verhext.

Ein Ende muß dieses Treiben haben,
Rex Text, tu dich anderweitig erlaben!

Bei Plus ist für Rex Text nun Schluß,
Simone vertreibt ihn voll Verdruß,
tut er sich auch die Haare raufen,
er darf dort nicht mehr Ware kaufen.

Wenn Simone Weißwein trinkt,
sind ihre Wangen rot geschminkt.

Bei Plus sind die Waren billig,
und Simone ist geil und willig.

Nicht jede Kassiererin
ist eine Verführerin.

Wenn Simone Zettel tippt,
sie ab und zu an der Limo nippt.

Simone hat ein schönes Gesicht,
doch im Dunkeln sieht mensch´s nicht.

Damit der Einkauf sich auch lohne,
frag nach Preisen die Simone.

Willst du schöne Frauen seh´n,
mußt du in den Plusschopp geh´n.

Willst du eine Zitrone
oder eine Limone
oder eine Melone,
dann gibt sie dir Simone.

Hat Simone guten Sinn,
geh´ ich gern dann zu ihr hin.

Ist Simone keck und froh,
bin ich gleichfalls ebenso.

Wenn Simone keucht und zittert,
wird sie von Rex Text erschüttert.

Wenn Simone ihre Beine spreizt,
Rex Text nicht mit Stößen geizt.

Hat Simone Schluß bei Plus,
gibt ihr Rex Text einen Kuß.

Wenn Simone am Morgen erwacht,
dann hat sie an Rex Text gedacht.
(gedichtet von Bernd Idel)

Rex Text muß nicht lange bitten,
Simone zeigt ihm ihre Titten.

Simone schminkt sich mit viel Puder,
denn sie ist ein geiles Luder.

An der Kasse macht sie Storno,
in der Freizeit guckt sie Porno.

Wenn er an Simones Scheide leckt,
es Rex Text vorzüglich schmeckt.

Simone spricht: "Ich liebe dich,
doch du läßt mich stets im Stich."

Wenn von Simones Haut perlt der Schweiß,
seufzt sie auf: "Rex Text, ich bin so heiß!"

Ist Simone splitternackt,
wird sie von Rex Text gepackt.

Der Herrgott will Rex Text bestrafen,
er muß mit Simone schlafen.

Wenn Simone Eier kocht,
sind sie alle gut gelocht.

Hat Simone abends Kummer,
bumst Rex Text sie in den Schlummer.

Simone zählt noch keine dreißig,
trotzdem werkt sie schon recht fleißig.

Wenn Simone mit den Wimpern klimpert,
wird sie von Rex Text gepimpert.

Simone fährt gern Karussell,
denn es dreht sich ja so schnell.

Wer ist aller Frauen Krone?
Simone!

Simone, meine kleine Maus,
zieh dich aus, ich hol ihn 'raus!

Wenn Rex Text sie über die Schwelle hebt,
Simone im siebten Himmel schwebt.

Simone, läß die Arbeit ruh'n,
wir haben nun im Bett zu tun!

Simone spricht: "Rex Text, du Wicht!
Warum grüßt du mich denn nicht?"

Wenn Simone Partis feiert,
wird ihr Büstenhalter ausgeleiert.

Außer Melitta-Filtertüten
hab´ ich den Frauen nichts zu bieten.

Rex Text gerät
ziemlich spät
in die Pubertät.

Simone Rex Text manchmal vermißt,
weil er dann ja nicht bei ihr ist.

Wenn Simone Rex Text sieht,
ein Orgasmus ihr geschieht.

Will Rex Text Simone nutzen,
muß sie sich die Zähne putzen.

Simone ist eine wilde Stute,
Rex Text hält ihr das zugute.

Simone schreit: "Rex Text, du Stoffel!
Bewirf mich nicht mit der Kartoffel!

Wenn Simone Softeis schleckt,
wird sie von Rex Text gedeckt.

Simone zeigt sich sehr gekränkt,
weil Rex Text sie nicht bedrängt.

Ich esse eine Bohne
und denke an Simone.

Hat Simone gute Laune,
bläst sie bei Rex Text Posaune.

Wenn Simone stöhnt und wimmert,
wird es durch Rex Text verschlimmert.

Sitzt Simone an der Kasse,
zeigt sie ihre ganze Klasse.

Simone ist eine liebe Frau,
Rex Text weiß das ganz genau.

Kennst du eigentlich die Simone?
Sie geht im Sommer oben ohne.

Wie der König auf dem Trone
sitzt Rex Text auf der Simone.

Geht Simone auf das Klo,
entblößt sie ihren schönen Po.

Gestatte, o Simone,
daß ich bei dir wohne!

Simone sich die Lippen leckt,
denn Rex Texts Kuß hat gut geschmeckt.

Wenn Simone stöhnt und schreit,
ist es dann ja bald soweit.

Hat Simone einen Schwips,
kommt das von den vielen Flips.

Wenn Simone seine Wangen streichelt,
fühlt sich Rex Text sehr geschmeichelt.

Rex Text tut sich gar nicht schämen,
er will die Simone nehmen.

Brüllt Rex Text wie ein Gorilla,
schimpft Simone wie Godzilla.

Wenn Simone freundlich lacht,
es bei Rex Text in der Hose kracht.

Rex Text hat Simone auf dem Gewissen,
denn er tat sie niemals küssen.

Wenn Simone an der Kasse sitzt,
Rex Text Blut und Wasser schwitzt.

Unsere Liebe ist voller Magie
und west nur in der Fantasie.

Ist Rex Text im Liebesrausch,
mag er keinen Partnertausch.

Simone holt mit sehr viel Glück
den gestohlenen Schnaps zurück.

Hat Simone viel Verkehr,
fällt die Arbeit ihr nicht schwer.

Eine Spießerin
ist keine Genießerin,
sondern eine Verdrießerin.

Liegt Simone nicht im Bett,
findet Rex Text das gar nicht nett.

Simone ist ein Arbeitstier,
Rex Text, der kann nichts dafür.

Hat Rex Text die meiste Pauer,
liegt Simone auf der Lauer.

Daß er sie nicht im geringsten schone,
verlangt von Rex Text die Simone.

Rex Text, verschone
mich mit Simone!

Wenn er Simone erblickt,
Rex Text zusammenschrickt.

Hat Simone eine Pause,
fährt sie nicht nach Hause.

Rex Text zum Hohne
küßt er die Simone.

Streichelt Rex Text ihren Po,
ist Simone wirklich froh.

Wenn Simone Filme guckt,
sie Erdnüsse dabei verschluckt.

Hat Simone keine Ruhe,
putzt sie Rex Text gern die Schuhe.

"Rex Text!", sagt Simone, "Deine Diktion
schildert mir eine gute Fiktion!"

Im Feld mitten im Mohne
steht lockend die Simone.

Simone, mach den Führerschein,
denn Rex Text will kein Fahrer sein!

Simone wird nicht seine Braut,
weil Rex Text sich gar nicht traut.

Simone liebt die Musik sehr,
doch das Tanzen fällt ihr schwer.

Hat Simone im Schrank keinen Käse,
verspeist sie hungrig Majonäse.

Und Rex Text, der geile Bock,
greift Simone unter den Rock.

Fährt Simone mit dem Wagen,
braucht sie kein Gepäck zu tragen.

Hochverehrtes Publikum!
Schlau ist die Simone und gar nicht dumm!

Rex Text braucht die Simone heftig,
doch er meidet sie geschäftig.

Wird Simone einmal alt,
ist Rex Text zu ihr nicht kalt.

Simone trägt ihr schönstes Kleid,
wenn im Wald der Kuckuck schreit.

Simone ruft: "Rex Text, du Schelm!
Wann trugst du den Soldatenhelm?"

Simone rasch ins Wirtshaus läuft,
weil ihr Exfreund sich besäuft.

Simone ist noch gar nicht reif,
doch mein Glied wird trotzdem steif.

Erblickst du die Matrone?
Das ist die Mutter von Simone.

Meine allerletzte Patrone
heb´ ich auf für die Simone!

Wenn Rex Text sie an sich reißt,
Simone in das Ohr ihm beißt.

Simone stürzt mit lautem Knall
mitten in den Pferdestall.

Wer ist die kühnste Amazone?
Simone!

Wenn Rex Text die Pistole schwingt,
Simone ihre Arie singt.

Obwohl es ihn nach ihr verlangt,
es Rex Text vor Simone bangt.

Als Simone in ihrem Bettlein schlief,
schickte ihr Rex Text einen Brief.

Simone ist blond und groß
und hat auch einen breiten Schoß.

Simone, es ist wie verhext!
Du hast Rex Text total versext!

Gewahrt Rex Text Simones Busen,
will er gern mit ihr zart schmusen.

Wenn Rex Text um Mitternacht dichtet,
auf die Simone er verzichtet.

Spürt Simone große Lust,
zeigt sie Rex Text ihre Brust.

Ist Simone ganz von Sinnen,
küßt sie Rex Text auf dem Linnen.

Wenn Rex Text kein Buch verkauft,
Simone sich die Haare rauft.

Unsere Beziehung ist rein magisch,
und das ist ein wenig tragisch.

Simone, du hast blondes Haar,
und wir sind ein Liebespaar!

Ich steh am Telefone
und spreche mit Simone.

Ist Simone wieder geil,
sucht sie bei Rex Text ihr Heil.

Wie eine summende Drohne
schwirrt Rex Text um Simone.

Mit einem prachtvollen kleinen Sohne
beglückt den Rex Text die Simone.

In der polaren oder tropischen Zone
sehn´ ich mich nach der Simone.

In einem dichterischen Tone
spricht Rex Text von Simone.

Daß er ihr zeilebens frone,
heischt von Rex Text die Simone.

Die Simone ist verdorben,
doch es wird um sie geworben.

Aus dem einfachen Volk ein Kind
begehrt Rex Text, vor Liebe blind.

Auf Simones gute Scheide
schwört Rex Text die stärksten Eide.

Ich kann dich nicht vergessen,
ich bin von dir besessen,
und klingt es auch vermessen,
ich bin auf dich versessen!

Simone, dieser Knüller,
ist schöner als Frau Müller.

Kommt Simone voll in Fahrt,
rasch sie sich mit Rex Text paart.

Simone speist nicht gerne Fisch,
besonders, wenn er nicht mehr frisch.

Simone hat ein breites Becken,
in dem hundert Eier stecken.

Weil Rex Text nicht anders kann,
wird er dann Simones Mann.

Ist Simones Mund auch wund,
geht´s beim Küssen trotzdem rund.

Der ganze Rachen wird ausgelotet,
wenn sich Zunge mit Zunge verknotet.

Simone viele Preise kennt,
Rex Text bleibt nachts von ihr getrennt.

Wenn Simone mit den Hüften wackelt,
Rex Text mit seiner Zunge schnackelt.

Kaum ist Simone in das Bett gehüpft,
sie Rex Text schon wieder entschlüpft.

Gähnt Simone abend müde,
ist Rex Text bei ihr nicht prüde.

Simone, zieh die Kleider aus,
ich will dich bumsen, eiderdaus!

Hat Simone keinen Dildo,
dann träumt sie von Rex Gildo.

Simone ist recht gut bestückt,
damit der Höhepunkt ihr glückt.

Wenn Simone hin und her sich windet,
Rex Text daran Gefallen findet.

Simone von der Kasse wankt,
weil Rex Text sich nicht bedankt.

Hat Simone ihre Tage,
kommt ein Stoß durchaus in Frage.

Schreitet Simone oben ohne,
verspeist sie dabei eine Melone.

Rex Text, du zögerlicher Geselle,
fick mich auf der Stelle!

Simone küßt Rex Text die Füße,
das sind ihre Liebesgrüße.

Simone auf der Stelle tritt,
denn Rex Text nimmt sie gar nicht mit.

Rex Text tausend Eide schwört,
damit Simone ihn erhört,
weil sie ihn so sehr betört,
daß sein Herz nur ihr gehört.

Simone ist ein flotter Käfer,
und sie treibt´s mit einem Schläfer.

Wenn Simone mit den Hüften wackelt,
wird von Rex Text nicht gefackelt.

Wenn Simone tanzt und singt,
hat sie sich den Täng geschminkt.

Hat Simone einen in der Krone,
wird sie dem Rex Text zum Lohne.

Wenn Simone abends kegelt,
wird sie danach durchgevögelt.

Simone, dieser junge Hüpfer,
springt behende aus dem Schlüpfer.

Simone, diese kesse Nümfe,
kauft sich schicke Neilonstrümpfe.

Simones Blut ist voller Feuer,
Rex Text sucht ein Abenteuer.

Rex Text, dieser alte Bauer,
denkt an Simone nur mit Trauer.

Wenn Simone Unkraut jätet,
sie sich hinterher verspätet.

Ist Simone gut gelaunt,
wird sie von Rex Text bestaunt.

Die Weißwurst, die Simone brutzelt,
Rex Text aus ihrer Hülle zutzelt.

Wenn Simone lustvoll stöhnt,
wird sie von Rex Text verwöhnt.

Wenn es zwischen ihr und Rex Text funkt,
erreicht Simone rasch den Höhepunkt.

Simone, laß dich überraschen!
Rex Text will dich heute noch vernaschen!

Simone verkauft Erbsen und Spargel
und manchmal auch noch einen Quargel.
(Quargel=kleiner, runder Käse in Österreich)

Simone ist nicht sonderlich heiter,
doch Rex Text bumst sie trotzdem weiter.

Simone schüttet eine Kanne
voll Kaffee in die Badewanne.

Simone haut Rex Text vom Hocker,
denn sie ist ein geiler Schocker.

Simone sieht ihn an,
da wird Rex Text zum Mann.

Manche Verkäuferin
ist eine Säuferin,
aber jede ist eine Läuferin.

Wenn Simone Bücher liest,
sie das fremde Wort verdrießt.

Wenn Simone Fahrrad fährt,
ist ihr Herz nicht mehr beschwert.

Wenn Simone Hühner füttert,
ihre Hand noch vom Orgasmus zittert.

Wenn Rex Text in Simone rüttelt,
der Orgasmus sie gar bald durchschüttelt.

Schmeckt der Jogurt nach Zitrone,
denk ich gierig an Simone.

Simone ist total versaut,
deshalb wird sie Rex Texts Braut.

Wenn Rex Text mit ihr koitiert,
Simone den Verstand verliert.

Wenn Simone Rex Text bedrängt,
dann ist seine Vorhaut verengt.
(gedichtet von Dirk Burbong)

Simone ist zur Abendzeit
kuß- und bett- und stoßbereit.

Simone jubelt hochbeglückt,
weil Rex Text sie endlich fickt.

Wie der Soldat bis zur letzten Patrone
kämpfe ich um die Gunst von Simone.

Und Rex Text, gänzlich barsch,
fickt die Simone in den Arsch.

Spitzt Simone ihren Mund,
küßt Rex Text sich dran gesund.

Wenn Simone lacht und flüstert,
die Stimmung prickelt, schäumt und knistert.

Verona Feldbusch kann mich nur betrüben,
denn ich tu Simone lieben.

Simone ist 'ne heiße Stute,
besser küßt sie noch als Ute.

Rex Text, ich warne dich, du Geselle:
du verlierst durch mich die Arbeitsstelle!

Simonitis ist ein schlimmes Leiden,
doch ich mag Simone nicht meiden.

Tritt er gegen die Tür mit Geboller,
dann hat Rex Text einen Samenkoller.

Sitzt Rex Text in seiner Klause,
dann trinkt Simone eine Brause.

Hat Simone Lust auf Sex,
küßt sie voll Begierde Rex.

Rex Text kann sich nicht stoppen,
er will durchaus Simone poppen.

Simone hat gar keinen Knall,
das ist bei Rex Text der Fall.

Wer ist im Sport eine Kanone?
Simone.

Ist Simone heiser,
dann stöhnt sie leiser.

Rex Text ist ja so allein
und will gern bei Simone sein.

Ich sage der Simone,
wo ich wohne.

Wenn Simone lauthals lacht,
hat Rex Text einen Witz gemacht.

Redet Simone einmal dumm,
nimmt Rex Text es ihr nicht krumm.

Zwischen Simones rechtes und linkes Bein
schiebt Rex Text sein Glied hinein.

Und Simone, ohne zu ruhen,
trinkt den Sekt aus ihren Schuhen.

Ist Simone nicht mehr munter,
holt Rex Text sich einen runter.

Simone, diese süße Kleine,
spreizt die Beine von alleine.

Simone, diese steile Puppe,
kocht dem Rex Text eine Suppe.

Simone, sonst nicht prüde,
ist von der Arbeit müde.

Wenn ich die Simone seh´,
dann tun mir die Hoden weh.

Ich bin ein bedauernswerter Tropf,
Simone geht mir nicht aus dem Kopf.

Geht Simone ins Teater,
begleitet sie ihr alter Vater.

Rex Text ist wirklich ein loser Knilch,
Simone gibt aus ihrer Brust ihm Milch.

Rex Text ist ein Gladiator,
Simone braucht einen Radiator.

Sprich nicht in diesem Tone
von Simone!

Daß mensch sie vielfach klone,
wünscht sich Rex Text von der Simone.

Das ist ganz vertrackt:
Simone schläft gern nackt!

Rex Text ist von Simone besessen,
er kann sie einfach nicht vergessen.

Zwar kommt Simone nicht in sein Bett ´rein,
trotzdem muß Rex Text zu ihr nett sein.

Ehe Rex Text richtig guckt,
hat Simone schon seinen Samen verschluckt.

Wenn wir nicht zusammen passen,
dann müssen wir es eben lassen.

Wenn Simone Rex Text wittert,
ihr Körper vor Erregung zittert.

Wer zu viel vom Orgasmus faselt,
der hat seinen Orgasmus bald verbaselt.

Zeigt Simone ihm den Rücken,
kann das Rex Text nicht beglücken.

Wenn Simone Eier sammelt,
ist die Stalltür nicht verrammelt.

Und Rex Text stößt voller Tücke
mitten hinein in Simones Lücke.

Ich habe dich gern, und du bist fern,
die Welt kürt mich zu ihrem Herrn.

Die Menschheit will dem Rex Text schmeicheln,
doch Simone mag ihn gar nicht streicheln.

Dieses Buch entstand im Bett.
Findet ihr es denn nicht nett?

O ihr Ahnen! Was habt ihr mir vererbt?
Ich bin nicht nur verdorben, sondern gar verderbt!

Die alte Bibel ist dahingeschwunden,
die neue Bibel hat uns an sich gebunden.

Simone, sag, was soll das geben?
Deine Hände zittern, die Brüste beben!

Der schlimmen Not gehorchend und dem Triebe
weih ich der Simone meine Liebe.

Träume werden unter dem Holunder wahr,
denn Simone ist wirklich wunderbar.

Rex Text dichtete zuhause
am Schreibtisch ohne Pause.

Bist du denn gänzlich von Sinnen?!
Wie kannst du bloß Simone beminnen?!

Wozu diese Schreierei
nach der verbietenden Polizei?

He, du Narr! Paß auf, du Brüller!
Einmal gebärdest auch du dich stiller!

Der Verlobte tut nicht lange fackeln,
er schreit herum, daß die Wände wackeln.

Simone grämt sich in der Tiefe
ihres Gemütes über Rex Texts Briefe.

Ich wollte dich aus Mitleid zum Lachen bringen,
doch das tat, o Mimose, mir nicht gelingen!

Es blüht der Baum, es gaukelt der Falter,
Rex Text beschaut Simones Büstenhalter.

Ich glaube, daß der großen Welt
meine Simonereimerei gefällt.

Mag ich auch den Sex stark preisen,
so zähl ich trotzdem zu den Weisen.

Du bist bürgerlich und sehr empfindlich
und duldest diesen Schabernack nicht einmal mündlich.

Die Berge ragen in die Höhe,
ich schaue dich, wenn ich alles sehe.

Das Beschreibliche wurde beschrieben,
es ist nur ein Pariser übriggeblieben.

Simone hat Rex Text betört,
was ihren Verlobten gar sehr stört.

Simone und ihr Ehemann
schreien den Rex Text gerne an.

Wenn Simone Regale füllt,
Rex Text sich in Schweigen hüllt.

Rex Text leidet Liebespein,
muß in der Hand des Triebes sein.

Simone ist nicht eben schick,
doch fesselt sie des Rex Texts Blick.

Hat Simone traurige Stunden,
muß Rex Text ihr Trost bekunden.

Simone, ach, du scheue Gazelle,
wie flüchtest du vor Rex Texts Gebelle!

Nun ist Schluß mit der Simone,
nie wird sie dem Rex Text zum Lohne.

Simone, das tu ich dir verkünden:
wir können niemals zueinander finden!

Simone und Rex Text sind grundverschieden,
darum lassen sie sich fortan in Frieden.

Wenn Simone grüßend lächelt,
wird mir Freundschaft zugefächelt.

Simone, die schönste der Najaden,
brachte Rex Text nicht nur Schaden.

Simone ist eine anständige Frau,
Rex Text weiß das nicht genau.

Wenn Simone ihre Kleidung löst,
wird sie von Rex Text gemöst.

Läßt Simone sich nicht ficken,
kann das Rex Text nicht entzücken.

Sitzt Simone im Wald am Feuer,
ist´s für sie ein Abenteuer.

Wenn Rex Text sich selbst befriedet,
wird Simone nicht von ihm gegliedet.

Simone ist ein sittsam Weib,
das Bumsen ist ihr Zeitvertreib.

Wenn Simone Briefe empfängt
von Rex Text, ist sie gekränkt.

Wenn Simone Nudeln serviert,
Rex Text ins Lokal marschiert.

Hat Simone eine Frage,
wird sie dem Rex Text zur Plage.

Rex Text redet manchmal wirr,
Simone spült derweil Geschirr.

Wenn Rex Text sich mit Simone gattet,
sind deren Augen schwarz umschattet.

Wenn Simones Verlobter schreit,
bricht sie an, die Nazizeit.

Simones Haare sich steil in die Höhe richten,
quält Rex Text sie mit seinen Gedichten.

Heda, Simone, ich muß dich meiden,
denn meine Finanzen sind gar bescheiden.

Ich bin nicht reich, du bist nicht schön,
wer kann da diese Einbildungen versteh´n?

Es ist Nacht, die Sterne glänzen,
Simone träumt von riesigen Schwänzen.

Rex Text küßt sie nur in der Fantasie,
Simone hält ihn trotzdem für kein Schenie.

Menschlichkeit Simone nicht kennt,
derweil Rex Text nach ihr entbrennt.

Simones Brust aus der Bluse lugt,
doch Rex Text ist nicht befugt.

Simone, Spuk du und Gespenst,
weil du mich von andern Evas trennst!

Halt, Simone, nicht mehr weiter!
Gescheitert bin an dir ich Gescheiter!

Simone geht zum Militär,
doch das Schießen fällt ihr schwer.

Rex Text kann sich wenden und dreh´n:
sieht er Simone, hat er einen steh´n!

Simone, diese Plastik voller Drastik
macht am Morgen Frühgümnastik.

Simone in ihrer kümmerlichen Gestalt
bietet Rex Text im Trüben Halt.

Es knurrt der Hund, die Katze faucht,
Simones Zorn ist nicht verraucht.

Wenn des Nachts die Sterne funkeln,
treibt Simone es im Dunkeln.

Es raucht der Schornstein Qualm empor,
obwohl Rex Text die Simone verlor.

Wenn Simone im Sitzen pinkelt,
sind ihre Beine angewinkelt.

Spürt Simone im Hintern einen Finger,
dann wird ihre Lust durchaus nicht geringer.

Fühlt Simone tief ein Glied,
weiß sie nicht, wie ihr geschieht.

Wenn Simone Karten spielt,
der Frust in ihrem Busen wühlt.

Wenn Simone fröhlich lacht,
sie sich Rex Text zum Freunde macht.

Wer speist Jogurt von Danone?
Simone.

Zeittafel der neuen Jahreszählung nach Jeschua Rex Text

Ich habe am 16. Mai des ersten Jahres vor Jeschua Rex Text einen amtlichen Ausweis auf den Namen "Jeschua Rex Text" bewilligt bekommen. Das erste Jahr in Jeschua Rex Text ist also das erste Jahr, in dem ich vom ersten Januar bis zum dreißigersten Dezember wirklich Jeschua Rex Text heißen darf. Dieses Jahr ist das erste Jahr nach der Fußballweltmeister-schaft in Brasilien, bei der Menschland zum vierten Mal gewonnen hat!

Gründung Roms:	2768 vor Jeschua Rex Text
Zäsar:	2115 bis 2059 vor Jeschua Rex Text
Heinrich der Löwe:	886 bis 820 vor Jeschua Rex Text
Tomas von Aquin:	790 bis 741 vor Jeschua Rex Text
Erasmus von Rotterdam:	551 bis 479 vor Jeschua Rex Text
Elisabet die Erste von England:	482 bis 412 vor Jeschua Rex Text
Paul Gerhard:	408 bis 339 vor Jeschua Rex Text
Johann Sebastian Bach:	330 bis 265 vor Jeschua Rex Text
Johann Wolfgang von Göte:	266 bis 183 vor Jeschua Rex Text
Wolfgang Amadeus Mozart:	259 bis 224 vor Jeschua Rex Text
Friedrich Schiller:	256 bis 210 vor Jeschua Rex Text
Heinrich von Kleist:	238 bis 204 vor Jeschua Rex Text
Heinrich Heine:	218 bis 159 vor Jeschua Rex Text
Richard Wagner:	202 bis 132 vor Jeschua Rex Text
Gottfried Keller:	196 bis 125 vor Jeschua Rex Text
Anton Bruckner:	191 bis 119 vor Jeschua Rex Text
Tomas Mann:	140 bis 60 vor Jeschua Rex Text
Astrid Lindgren:	108 bis 13 vor Jeschua Rex Text
Efraim Kischon:	90 bis 11 vor Jeschua Rex Text
das braune Reich:	82 bis 70 vor Jeschua Rex Text
Romi Schneider:	77 bis 33 vor Jeschua Rex Text
Geburt von Jeschua Rex Text:	24.12. 61 vor Jeschua Rex Text

Es muß immer der volle und unabgekürzte Name erwähnt werden, immer vor Jeschua Rex Text oder in Jeschua Rex Text.

Die Zahlen werden in Menschland anders gesprochen, als Beispiel diene:

11	zehneins, zehnundeins
12	zehnzwei, zehnundzwei
13	zehndrei, zehnunddrei
14	zehnvier, zehnundvier
15	zehnfünf, zehnundfünf
16	zehnsechs, zehnundsechs
17	zehnsieben, zehnundsieben
18	zehnacht, zehnundacht
19	zehnneun, zehnundneun
20	zwanzig
21	zwanzigeins, zwanzigundeins

und so weiter.

Die Gruppierung, die diese Weltanschauung vertreten soll, heißt:

die menschen Jeschua Rex Texte in JEUNEX

Partei
für den Frieden

kurz genannt: die Jeschua Rex Texte

Briefe bitte an die Anschrift:

Jeschua Rex Text
bei Joschua Havemann
Buschhausen 49
52224 Stolberg

die Werke

von

Jeschua Rex Text

1. aus dem Leben des ersten Menschen
2. Freunde
3. die Prinzessin von Regensburg
4. der Reichste der Welt in JEUNEX
5. die neue Bibel
6. der Tag des Herrn
7. die kesse Simone
8. Sex
9. Erlösung für Milliarden
10. der rollende Sieg
11. das mensche Reich
12. und der Reiche
13. Menscher und Mensche in JEUNEX
14. meine wunderschöne Ehefrau
15. Beherrscher der Menschheit
16. JEUNEX und der Mensche
17. die jeschuarextextlichen Menschen in JEUNEX
18. Frieden
19. die menschen Jeschua Rex Texte in JEUNEX in JEUNEX
20. die menschen Jeschua Rex Texte in JEUNEX, Partei für den Frieden
21. Liebe
22. das Reich des Jeschua Rex Textes, die geistigen Grundlagen
23. meine schöne und geistreiche Ehefrau
24. und die Menschdorferin
25. die sanfte Liese

26. die menschen Jeschua Rex Texte in JEUNEX in Jeschua Rex Text
27. Menscher und Mensche in Jeschua Rex Text
28. Jeschua Rex Text und Jeschua Rex Textin in Jeschua Rex Text
29. das Reich des Jeschua Rex Textes, die Staaten der Erde, das Mittelreich
30. einhundert Milliarden mensche Jeschuas
31. Gesundheit
32. die fünf Grundgefühle nach Hans Lungwitz: Hunger, Angst, Schmerz, Trauer, Freude
33. Selbstgespräche
34. der Reichste der Welt in Jeschua Rex Text
35. und der Sportliche
36. Sexer und Sexerin
37. Glück
38. Mensch kann im Leben alles erreichen durch positive Besinnungen!
39. das Ende des ersten Jahres vor Jeschua Rex Text
40. das erste Jahr in Jeschua Rex Text
41. das zweite Jahr in Jeschua Rex Text

das Reich des Jeschua Rex Textes

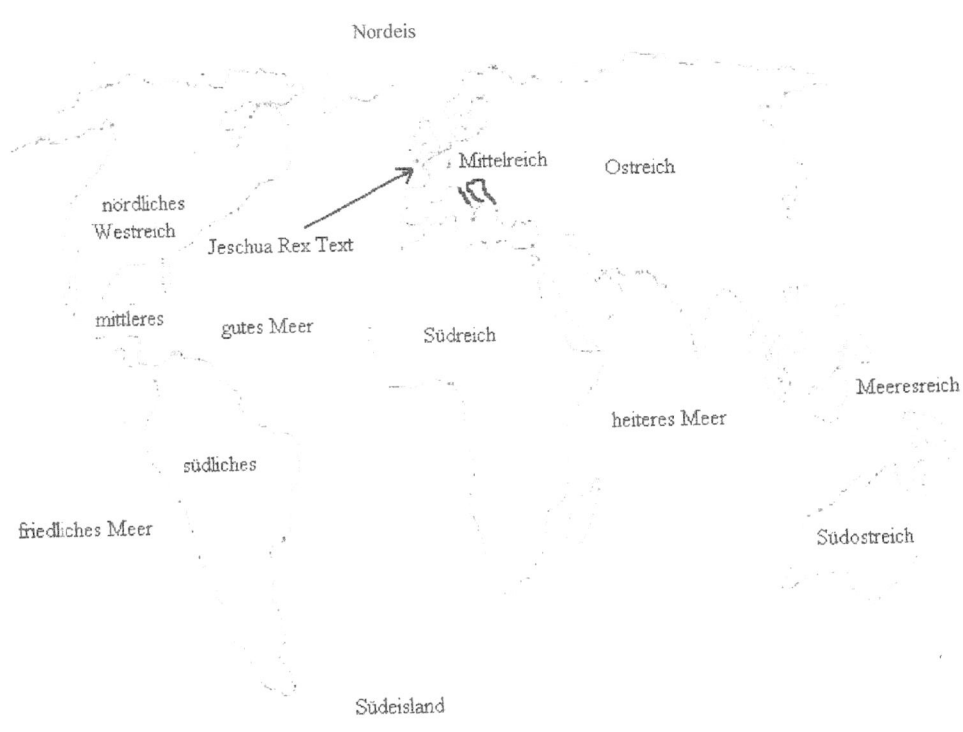